САПЕРЛИПОПЕТ
ИЛИ
ЕСЛИ Б ДА КАБЫ,
ДА ВО РТУ РОСЛИ ГРИБЫ...

Overseas Publications Interchange Ltd.

VIKTOR NEKRASOV

SAPERLIPOPETTE

Overseas Publications Interchange Ltd

ВИКТОР НЕКРАСОВ

САПЕРЛИПОПЕТ
или
Если б да кабы,
да во рту росли грибы...

Overseas Publications Interchange Ltd

Viktor Nekrasov: SAPERLIPOPETTE

First published in Russian in 1983
by Overseas Publications Interchange Ltd.
8 Queen Anne's Gardens, London W4 1TU, E

ISBN 0-903868-80-6

Printed in West Germany
Cover design by
Danuta Niekrasow-Heller

1

Саперлипопет... Саперлипопет...

Какое странное звукосочетание. И очень знакомое. Всплыло откуда-то издалека. Никак не вспомню, откуда. Что-то очень и очень далекое, из детства. Даже как будто голос чей-то слышу.

Как возникло оно в моей памяти, это нелепое для русского уха слово, послужившее толчком, отправной точкой для всего последующего?

Началось все из-за незаслуженной и непонятной вражды местного городского транспорта по отношению ко мне. Точнее — двух автобусных маршрутов — 126-го и 189-го, в маленьком Ванве, предместьи Парижа, где я сейчас живу.

Обычно автобусом я не пользуюсь, предпочитаю до метро идти пешком — семь-восемь минут прекрасного моциона для человека сидячего (или лежачего) образа жизни. Но когда торопишься и каждая минута на счету, они оба, точно сговорившись, бесстыдно издеваются над тобой. 126-й стремглав выскакивает из-за угла и у остановки не задерживается — в этот момент она, как назло, пуста, — а 189-й, неторопливо появляющийся из-за другого угла, Бог знает сколько времени торчит под красным светом и когда, наконец, запыхавшись, в него влезаешь, еще дважды застывает у светофоров, пока не доберется до метро.

Короче, выходя из дому, я сразу же начинаю бежать.

Так и в этот раз. Мы со 189-м одновременно появились из-за своих углов. Я припустился, чтоб поймать его на следующей остановке. И нужно же, чтоб именно в этот день, час и минуту хозяйка магазинчика готового платья надумала мыть тротуар. Причем не просто мыть, как всегда, а еще и с мылом. Одним словом, растянулся. Во всю длину. И вот тут-то, поднимаясь, — слава Богу, никаких шеек бедра, слегка только ушиб колено, — я невольно скользнул взглядом по вывеске магазина. „Саперлипопет". Господи, сколько раз я проходил мимо этого магазинчика — распродажа каких-то кофточек, джинсов, юбчонок — и ни разу не обратил внимания на вывеску, название его. Саперлипопет...

Весь день вертелось у меня в голове это идиотское слово. Дома сразу же ринулся к Ляруссу. Оказывается, это французское „жюрон", нечто среднее между ругательством и восклицанием на манер русского „а, черт!", сейчас полузабытое и замененное более коротким, энергичным и малоприличным „мэрд!". (Диву даешься, когда слышишь на каждом шагу из уст самых что ни на есть галантных французов это слово, означающее просто-напросто „г....о").

Но откуда и как застряло в моей памяти оно, это заковыристое „саперлипопет"? И голос, интонация...

Только какое-то время спустя, вытирая пыль с чернильниц и пресспапье ломберного столика, я взглянул на фотографию моего старшего брата Коли в гимназической форме и меня вдруг осенило — это он. Это его голос.

Как необъяснимо и загадочно все связанное с нашим внутренним миром. С памятью, в частности. Мучительно пытаюсь сейчас вспомнить, о чем мы условились вчера с не очень, правда, мне нужным типом насчет завтрашней встречи, а вот солдата Ютэн и лежавшего рядом с ним зуава помню, как будто вчера их видел. Оба они лежали в „Опиталь Станислас", где работала тогда мама, один ранен был в ногу и позвоночник, другой в руку. И даже запах, исходивший от их гипса я вспомнил, когда мне в свою очередь накладывали гипс в госпитале, в Баку. В Баку мне было уже тридцать с чем-то, а тогда, в Париже, четыре или пять...

Вот и колин голос звучит до сих пор в ушах. А его давно уже нет в живых, и когда он погиб, мне было лет восемь, девять...

На фотографии на ломберном столике ему лет шестнадцать, не больше. Задумчивый мальчик в сереньком мундирчике и гимназической фуражке с гербом. Когда ж это снято? И где? Роюсь в памяти, в старых альбомах, сохранившихся письмах, но концы с концами никак не сходятся.

В общем-то я плохо помню Колю. Любил ли он меня, своего младшего брата? Боюсь, что не очень. Заставлял целовать отталкивающие, цветные изображения каких-то язв и болячек в мамином медицинском Ляруссе. А однажды, схватив меня подмышки, перекинул через перила балкона, а жили мы на пятом этаже — и так и держал на весу, заявив, что если признаюсь, что не люблю бабушку, помилует, а нет... Было очень страшно, но я не признался. Весьма горжусь этим поступком, пожалуй, единственным героическим в моей жизни. Очевидно, он был очень сильным, Коля, если мог держать на весу, на вытянутых руках шестилетнего мальчишку — никак не меньше мне было в ту пору.

Возможно, именно тогда, над пропастью, и врезалось мне в память это самое „саперлипопет", в сердцах вырвавшееся у моего мучителя.

Жестокость в определенном возрасте свойственна подросткам. Коля был жесток. По отношению ко мне, во всяком случае. И в то же время мог подолгу сидеть со мной и рисовать истории забавных человечков, нечто вроде околдовавших потом весь мир комиксов. Терпеливо и даже любовно поправлял неуверенные мои каракули. И вечером, перед сном, мог вдруг подбежать, обнять, расцеловать и щелкнуть по носу — спи, саперлипопет! И я любил его за это. За все. Даже за Лярусс.

И плакал, плакал, долго плакал, когда мама вернулась из Миргорода, так и не обнаружив тела погибшего Коли.

Коля был очень талантлив. Мне ясно это особенно теперь, когда я разглядываю его рисунки. Они сохранились. Я их развесил над ломберным столиком. Рисованию нигде никогда не учился, но его пастельки, гуаши и коллажи сделаны рукой не любителя. Они на уровне тех лет, лет перехода Кандинского от Мюнхена к самому себе. Но Коля никому не подражал. Смотрю на свои рисунки, — тоже всю жизнь рисовал, — то под Добужинского, то под Бенуа, Билибина, Акимова, а то вдруг вылезает Гоген, Озанфан. Сделано много, но пусть лежит в папках, показывается друзьям, выставлять нельзя — подражание, нет собственного лица. У Коли оно было.

Он и писал. Больше по-французски, но кое-что и русское сохранилось. Какие-то начала, недописанное. Странное, полукафкианское. Какой-то тип, живущий с улиткой...

Увлекался театром, эстрадой. Сохранилась тетрадочка с вырезками из парижских журналов. Знаменитые шансонье, звезды кафе-шантанов и кабаре.

Кем был бы он, переживи он свои восемнадцать лет? Не вернись он на родину...

Да, ему не было еще и двадцати лет, когда его убили, засекли шомполами. Думаю, что неполных девятнадцать лет...

2

Случай... Предопределение. Пророчество. Расположение планет. Пятна на солнце. Расположись они как-то иначе в тот, памятный всем день 25-го октября 1917 года и не было б теперь Андропова, а до него Брежнева, ну и т. д. Не замучай насморк Наполеона в день Бородина... Поставь Штауфенберг свой портфель с бомбой сантиметров на десять ближе к Гитлеру... Выстрели удачнее, — назовем это так, — Фанни Каплан...

Парапсихология. Телепатия. Телекинез. Недавно узнанное мною слово — реинкарнация — продолжение жизни личности после физической смерти в какой-то иной форме и ее последующее воплощение.

Все это чепуха — говорят люди положительные и здравомыслящие. Я к ним не отношусь. И если не очень верю в зеленых человечков, то во всякие чудеса, даже в приведения, верю. Ну, не может же, посудите сами, какой-нибудь шотландский или нормандский замок существовать без своей Белой дамы или всяких там вздохов и завываний замученных жертв. Именно отсутствие их было бы противоестественным.

А загадки мироздания?

Пролетела мимо пчела. Пчелка-мохнатка. Покружилась, покружилась над ромашкой и села на нее. А кто тебя придумал, ромашка? Твои лепестки, твою симметрию? Или асимметрию орхидеи? А пчелке-мохнатке ее крылышки, сколько-то там тысяч ударов в секунду? Кто? И зачем? И почему у нас одна печенка, одна селезенка, а почек две? И сердце одно. (Впрочем, в соседней палате, в Баку, лежал солдат, которому безжалостная немецкая пуля пронзила сердце. А он не умер. Оказалось справа другое сердце... Но это так, к слову.) Ясно одно — мир полон загадок...

Вот какие мысли одолевают меня сейчас здесь, в уютном садике у друзей на окраине Женевы. Сижу под сосенкой в покойном кресле. В трусах. Не жарко, легкий ветерок, пишу.

Пчела посидела на своей ромашке и улетела. Легкие, белые облачка над моей головой рассеялись. Одно довольно долго стояло и нижняя часть его — я никогда такого не видел — семи цветов радуги. Опять загадка — горизонтальная радуга. Я даже сбегал за фотоаппаратом и сфотографировал.

Пчела улетела. Пришел Вадик, внук. Я его тоже вытащил в Женеву, с другом, подальше от школьных двоек и родительских слез. В ухе уже серьга, маленький, вроде золотой, шарик. У Людо еще нет, но будет, не сомневаюсь. Представляю что было бы, появись милый мой Вадик с этой серьгой в своем родном Кривом Роге. Том самом, о котором, когда его спросили, где этот город находится, без колебания ответил: „За границей".

За границей... А не вспыхни вдруг на солнце протуберанец, или не переместись Альдебаран в сторону созвездия Гончих или каких-нибудь других Псов, и гнали бы сейчас Вадика в „Гастроном" за колбасой, говорят, только что выбросили московскую, и не просил бы он у меня двадцать франков — „Хватит и десяти", „Но нас двое...", „Но франки швейцарские, один к трем, значит тридцать французских...", и даю все же двадцать, и они в своих маечках и джинсах удаляются играть в какие-то кегли — это тут, совсем рядом, у кафе, скоро вернемся. Вернулись в девять утра. Где были, что делали, негодяи? Молчат. Загадка. У Людо в ухе тоже уже серьга.

Протуберанцы... Пятна на солнце... Реинкарнация...

А может, все-таки случай, Его Величество случай? Стечение обстоятельств. Ненаучно? Согласен. И все же... Саперлипопет...

3

В борьбе обретешь ты право свое. Эсеровский лозунг. Одного живого эсера я знал. Дядю Колю, он же Ульянов (нет-нет, никакого отношения!..) Почти всю жизнь прожил в Швейцарии. Принимал участие в московском эсеровском восстании, потом то ли понял что-то, то ли испугался и, оказавшись каким-то образом в Швейцарии, вернулся к своей основной профессии геолога. До гробовой доски занимался Монбланом. Встретившись с ним на склоне моих и еще более крутом его лет, я обнаружил в нем борцовские задатки (или остатки) только по отношению ко мне. Весьма темпераментно, несмотря на свои девяносто лет, доказывал мне, что американцы плохие, а в советской системе есть кое-что и хорошее.

Я не принадлежал уже тогда к враждебной эсерам партии, поэтому позволял себе не соглашаться с дядей Колей и не очень щадил его, обладая несчетным количеством убедительнейших аргументов. Он обижался, обзывал меня „дураком", гневно хлопал дверью, но вскоре возвращался и все начиналось сначала.

Я заговорил сейчас о дяде, хотя и писал в свое время о нем, потому что именно он напомнил мне эсеровский лозунг, а я, невежливый племянничек, спросил его, как он этот лозунг воплощал в жизнь. „Дорогой дядя Коля, — закончил я свой монолог, — не окажись ты в Швейцарии, на груди утеса-великана, твоего любимого Монблана, гнить бы твоим косточкам где-нибудь на Колыме или Магадане". Здесь произошел взрыв: „Идиотское „бы"! — закричал он на меня. — Если бы, если бы... Если бы да кабы, да во рту росли грибы. Если б Наполеон на месяц раньше начал свой поход на Россию. Не в июне, а в мае, даже в апреле. А? Если бы, если бы... Если бы твои родители не вывезли тебя из Парижа в пятнадцатом году? Кем бы ты был, в кого бы вырос? А? Отвечай!"

Не помню, что я ответил, очевидно не удержался и сострил, подлив масла в разбушевавшуюся стихию, но вопрос этот запал мне в душу. А, действительно, не вывези меня родители в пятнадцатом году? Кем бы был, в кого бы вырос? А?

Предлагаю некую игру. Может не всем она будет интересна, поскольку касается в данном случае меня и все же приглашаю.

Человек устроен так, что в определенном возрасте на будущее начинает смотреть пессимистически, к прошлому же относится не всегда с нужной долей критики.

Одним словом, мы склонны идеализировать если не самих себя, — мы люди скромные — то свое прошлое. Давайте же сейчас, включившись в предлагаемую игру, попытаемся, запасясь юмором, малость пожонглировать им, этим прошлым, потасовать колоду. Посмотрим, что из этого выйдет.

Маленькое вступление к игре.

За рюмкой водки, стаканчиком вина, кружкой-другой пива любим мы пофилософствовать. Что наша жизнь? Игра!

Добро и зло одни мечтания. Труд сладкий сказки для бабья... Или — жизнь человеческая подобна кривой — взлеты, падения, опять взлеты. Я же, как художник, а не математик („Слаб в вычитании, путается в умножении, никакого понятия о делении” — первая четверть 1923/24 гг. уч-ка 3 группы 43-й ЕТШ В. Некрасова) — мыслю образами. Я вижу богатыря на своем буланом коне на перепутьи, перед бел-горюч камнем. „Поедешь налево — татарин. Поедешь направо — соловей-разбойник, поедешь прямо — Лубянка”.

А может не Лубянка, а Шанз-Элизе или пляс Пигаль? Мне, например, попался именно такой бел или розово-горюч камень...

Ну, а если б поехал влево? Или вернулся бы назад, в поисках другого перепутья, а там шестикрылый серафим?

Саперлипопет...

4

Конечно, об этом говорили не один вечер. Ехать или не ехать? Немцев удержали на Марне, но они все же рвутся к Парижу. Обстреливают из „Больших Берт”, сбрасывают бомбы с цеппелинов. Для малыша это только развлечение — вчера никак нельзя было оторвать его от окна, ночное небо исполосовано прожекторами и где-то на скрещении их лучей серебрится сигара. "C'est lui! Regardez! Regardez!” — „Это он, смотрите, смотрите!”...

Коля, как и положено всякому пятнадцатилетнему, хотя и побаивался, но упаси Бог обнаружить этот страх, проявляет недюжинные познания в военном искусстве. В спор об „уезжать или не уезжать” не вступает.

Бабушка же и мама говорят об этом, как только мать возвращается из госпиталя.

Бабушка, Алина Антоновна, больше всего боится, конечно, за детей. Немцы возьмут Париж, куда мы денемся? А Киев — там и мебель, и все вещи наши, — все-таки дальше от фронта. И вообще, это Россия. Если уж попадать немцам в руки, так лучше в своей России. Всегда можно скрыться на какое-то время у Сережи Эрна, бабушкиного племянника, в его поместьи в Солоновщине. А здесь куда? Ни друзей, ни знакомых французских, одни русские...

Мать на противоположных позициях. Немцы никогда не возьмут Парижа. И вообще, ей, как врачу, не гоже бросать свой госпиталь — раненых с каждым днем все больше и больше, а врачей, особенно хирургов, криком кричи, а больше не становится. Сегодня с Соммы двадцать человек привезли, из них восемь тяжелых, а класть некуда, и главный хирург к тому же заболел. Бросать госпиталь в такой момент преступление. И только потому, что Киев дальше от фронта, чем Париж.

Последующие события показали, что мать совершила-таки это преступление. После, надо думать, долгих и утомительных споров относительно маршрута — через Италию и Грецию или Англию-Швецию, выбран был северный путь. Следующий этап — что взять, что оставить, как быть с викиной нянькой — бретонкой Сесиль — хочет тоже уехать? Наконец все упаковано, Сесиль оставлена и через Лондон, Северное море (немецкие подводные лодки!), Швецию, Финляндию семейство добирается до России и оседает в Киеве, где мебель и прочие вещи... Начинается новая жизнь.

Ну, а победи мама, а не бабушка?

Война бы кончилась, не без маминого участия, можно было бы и не краснеть. Дети росли бы. Возможно, Февральская революция опять поманила бы в Россию, но неумение принимать быстрые решения привело б к тому, что дотянули бы до Великой Октябрьской Социалистической революции, а та смешала все карты.

Гражданская война. Глазами из Парижа. Коля, думаю, особенно ею бы не интересовался (даже там, в Миргороде, не так он ею, как она им заинтересовалась — нашел большевистский патруль французские книжки у мальчика — шпион! — и убили.) Младший же (как это было в Киеве) болел бы за белых, добровольцев, так они себя называли.

Первая волна эмиграции. Дружба с генеральскими отпрысками. Единая, неделимая. Потом все это надоело бы — споры, ссоры, распри...

Лицей. Институт. Возможно тоже архитектурный („мальчик так хорошо рисует...”). Корпение потом над скучными планами в частном архитектурном ателье. Возможно, одновременно пописывал бы рассказики а-ля Пруст, читал бы французским друзьям в Клозери да Лила или в тесной мансарде в Марэ.

Правый, левый? Скорее левый, рвался бы в Испанию. Гитлера ненавидел, поглядывал бы на Москву. В войну ринулся бы в маки. С полного одобрения матери — „Иди, иди, малыш, только давай о себе как-то знать...” После войны рвался бы в Советский Союз. „Все-таки мы, русские, победили!”. В маки дружил бы со сбежавшими из плена советскими офицерами. Вот это ребята! О них написал свою первую книгу „Дымок махорки”. В определенном кругу прозвучала, даже какую-то премию получила.

Крушение Сталина переживал как личную трагедию. „Дядя Коля, кажется, с ним встречался, — говорила мать, — не очень одобрял, спроси у него”. А жена, если русская — „Ну и слава Богу, вздохнут, наконец, люди”, а если француженка, повторяя слова то ли Сартра, то ли Арагона „Идиот этот ваш Крушщэф, совсем не думает о Булонь-Биянкур... Во что ж им, рабочим, теперь верить?”

Ленин, Сталин, Хрущев, Брежнев...

Максимов, к которому он ринулся, как только тот оказался в Париже, разливая водку по стаканам (о Господи, и это все надо выпить сразу?), говорил ему...

— Вы идеалист, Виктор. Все ищете жемчужину в говне. А ее нет, как ни ищи. А если найдете, знайте, что она из того же вещества... Все вы, русские, никогда не бывавшие в России, путаете русское с советским. И радуетесь не тому, чему надо. Радуетесь дутым успехам. Ах-ах, победили безграмотность! А вы знаете, что это главная беда советской власти? Ну, не беда — ошибка. Беда наша, народа. Читать-то научили, а книги запретили. И те, кто пишут, главные

14

враги. Будь он даже мальчишкой-поэтом, читающим свои стихи у ног Маяковского...

— Да, но ведь и при Сталине были и Твардовский, и Пастернак.

— А Маяковский пустил себе пулю в лоб... И не равняйте Пастернака с Твардовским. Один был блаженненький, но гений, а другой, хоть и честный человек, но искренний коммунист, верящий в коммунизм. Теперь таких уже нет.

— А вы уверены, что верил?

— Верил. Более того, верил в Сталина.

— А вы?

— Вопрос, на который так прямо не ответишь. Верил, не верил... Сгубил миллионы, знаем, но все же помним, что Рузвельты и Черчилли, встречаясь с ним, терялись. Вот он и вышел победителем. В Берлине над немцами, в Ялте над союзниками. Нет, я не верил в Сталина. В тоталитаризм верить нельзя. Ему можно либо покоряться, либо восставать...

— Почему ж вы не восстали?

— Стыдно, Виктор, надо знать историю своего народа. Помнить о Новочеркасске, о танках, окруживших восставшие лагеря. О том, что командование садилось даже за один стол с руководителями этих восстаний, даже вставало, чтоб почтить память погибших. Потом теми же танками задавили бунт. Но бунт-то был, был, был... А вы говорите...

С Максимовым трудно спорить, у него пропасть аргументов, к тому же он все время подливает.

На каком-то симпозиуме или коллоквиуме встретился с Войновичем. Кажется в Лос-Анжелесе. И тот с места в карьер:

— В России были?

— Нет.

— Почему?

А черт его знает, почему. То ли боязно в чем-то разочароваться, то ли с грубостью сталкиваться не хочется. О ней столько говорят приезжающие.

— Простите, но вы писатель русский или французский? — вторым вопросом огорошил Войнович.

— Писатель русский, но пишу по-французски.

— Как Набоков?

— Не надо параллелей, Владимир Николаевич. Набоков есть Набоков, а ваш покорный слуга... Что поделаешь, живу во Франции, французский мне ближе, но без русских не могу. Особенно, когда столкнулся с вами, с той стороны. В маки в первый раз.

— Не с той стороны, а из России. Вы русский, Россия ваша родина. Вы ж там родились?

— Там. В Киеве. В матери городов русских.

— И неужели не тянет туда?

— Тянет, а как же...

— Ну вот и поезжайте, зачем остановка?

Легко говорить „поезжайте". Это тебе не Италия, Испания, сел в машину и покатил. Это встреча с родиной, которую не знаешь. Вернее, знаешь, но как, по книгам, „Юманите", рассказам родителей, своих и чужих, всегда что-то идеализирующих в потерянной своей молодости, по кинофильмам, таким разным — „Падение Берлина", „Журавли", „Баллада о солдате" — никогда не поймешь, где в них правда, где вранье, по тому же Войновичу, по новым, недавно появившимся авторам... И ехать не для Эрмитажа и Третьяковской галереи, а для чего-то существенного. Для общения. Вот и здесь, с советскими, как-то не очень получается. Не то что они, советские, высокомерны, нет, но, когда говоришь с ними, в каждом их слове чувствуешь — „Ну как вы можете это понять? Мы прошли через все, понимаете, все. Энтузиазм, гордость, унижение, убийства, растления, героизм, победу... Все на собственном горбу. И знаем, ЧТО несем вам. А вы нас слушать не хотите. А несем мы вам рабство. Ясно?"

А мы, действительно, не понимаем. О каком рабстве можно думать, когда смотришь Плисецкую или Васильева в „Спартаке", взбунтовавшемся рабе.

Войнович улыбается своей милой улыбкой.

— Вот в этом-то и заковыка. Мы мастера обманывать. А вы мастера покупаться. Вас ничего не стоит купить. Умиляетесь нашему балету, бешенно апплодируете Краснознаменному ансамблю, гордитесь Гагариным, а он был той же собачкой, что в космос запустили, только в отличие от нее малость выпивал... Оттуда и алконавт слово пошло. Верите в наш спорт, в победы на Олимпиадах. Не знаете, что все эти купленные машинами, дачами, заграничными поездками мальчики, лишаются всего, если только проиграют. Короче, обмануть вас — раз плюнуть. Вы доверчивы. И в то же время не верите в то, во что надо верить. Вы ахнули от солженицынского ГУЛАГа. А сколько до него о том же самом писалось? Не верили. Не может быть! У Гитлера было, знаем, но это же Гитлер, говорите вы. А то, что Сталин сажал и губил не только евреев, а всех, без разбора, это в мозгу у вас не укладывалось. Не может быть! И опять же Плисецкая, Рихтер, Прокофьев, Шостакович, Эйзенштейн...

Нет, с ними трудно спорить. Они, действительно, знают что-то, чего не знаем мы. Но кроме того, они считают, что и нас самих они знают лучше, чем мы сами. Языка не одолели, газет не читают, им пересказывают их содержание, но суждения обо всем категорические, возражений не терпящие — Картер тряпка, Штраус молодец — все зависит от степени ненависти к советской системе.

Войнович опять смеется.

— Да поймите вы, Христа ради, что она заслужила эту ненависть. Вот, для вас хуже всех Пиночет. Диктатор, видите ли... А мы только улыбаемся или злимся. Тоже мне диктатура. В день какого-то юбилея Неруды многотысячная демонстрация, антиправительственные митинги. И никто не разгоняет. Десятка два крикунов арестуют, а к вечеру они уже на свободе. Диктатура... А у нас. Попробуйте выйти на Красную площадь с лозунгом, пусть на нем только „Миру — мир" будет написано, сразу же схватят...

— Зачем же мне тогда в эту страну ехать? Даже без лозунга „Миру — мир"?

— А чтоб собственными глазами все увидеть!

И он поехал.

5

Поехал посмотреть собственными глазами. С туристской группой. На десять дней. Москва, Ленинград, Киев. Поехал к себе на родину. Со своим деревянным эмигрантским русским языком — „не так ли?", „взял поезд", „курьезно", „роояль", „коолит", „синема" — да и интонации французские, кверху в конце фразы и все время вырывающиеся „а бон", „д'аккор". В своих, попроще, стоптанных туфлях "Bally", пятилетней давности рубахе, но с выточками, которые сразу же засекались москвичами, как и джинсы („в Москве 200 рублей пара, а все мальчишки носят, не удивишь"), а джинсы удивляли неизвестным еще покроем и пуговицами вместо эклер-молний. Ходил по Москве тут же разгаданный и разоблаченный, преимущественно, молодежью, а те, что постарше все больше расспрашивали про Польшу и Афганистан — „У нас, в очередях, всех этих строптивых братьев-соседей только осуждают. Мы их кормим, освобождаем, а они еще недовольны, бунтуют... В Ярославле, приехала тут одна, рассказывает, и по карточкам-то ничего не достанешь, яиц месяц уже не видели, а они, видишь — свобода им нужна, профсоюзы какие-то..."

В Третьяковке (москвичи обожают эти Третьяковка, Маяковка, Отечка...) бесконечно долго держали возле „Утра стрелецкой казни" и „Княжны Таракановой" — посмотрите, как выписан шелк! — а о Кандинском та же экскурсоводка, милая и интеллигентная, испуганно сказала: „Нет, не в русле русского искусства. Народом не воспринимается". В Ленинграде, кроме Эрмитажа, Русского музея и маятника Фуко в Исаакиевском соборе показали дом, где жил Достоевский, и Раскольников, старуха-процентщица. Но больше всего говорили о Пушкине, к месту и не к месту цитировали его стихи. В Петропавловском соборе, где похоронены цари, на вопрос о том, правда ли, что при вскрытии гробницы Александра I там ничего не обнаружили, сухо было отвечено: „Никакого вскрытия не было. Бабьи сплетни". При осмотре же тюремных казематов, просто ничего не ответили, когда кто-то спросил: „А есть ли тут камеры тех, кто уже при советской власти был арестован? Министры Временного правительства, например?" Молодой человек, водивший экскурсии, просто сделал вид, что не расслышал вопроса.

От Киева, где он родился, матери городов русских, осталось какое-то странное, двойственное впечатление. И красив, ничего не скажешь, и фальшив одновременно. Нашел дом, в котором родился, на Владимирской № 4, рядом с немысленно чистенькой, точно к празднику приодетой Андреевской церковью. Растреллиевский шедеврик знал по фотографиям, а родной дом никаких эмоций не вызывал. Дом как дом, кирпичный, четырехэтажный, некрасивый, зато балконы большие, широкие. На одном из них, на последнем этаже, по рассказам матери, он провел первые месяцы своей жизни. Ну, провел так провел, велика важность. Доски мраморной о том, что родился здесь французский писатель с русской фамилией, никогда не будет, хорошо, что к какому-то торжественному юбилею доской и, кажется, даже с портретом, почтили дом, где жил Булгаков.

Зато море эмоций, впрочем скорее отрицательных, вызвал победный мемориал над Днепром. Тяжеловесная Брунгильда немыслимых размеров с мечом и щитом в руках стояла на постаменте, в котором расположился музей военной славы. Но музей был закрыт на ремонт и туристам показали скульптуры разных героев, очень мускулистых и решительных. Такие же бронзовые бицепсы, лятусы и могучие брюшные прессы показаны были на том месте, где тянулся когда-то Бабий Яр. Там расстреливали евреев в первые три дня оккупации. Несколько десятков тысяч. Но об этом ни слова, ни в надписях, ни в облике полуголых гладиаторов, которым впору было передушить весь конвой, в лучшем случае обратить их в бегство...

Вечером бродили по Крещатику, широкой, пустынной, обсаженной деревьями улице. Из любопытства заходили в продуктовые магазины – их три на Крещатике, называются „Гастрономы" – у винных отделов происходили маленькие битвы. Тут же востроглазые, серолицые молодые люди приценивались к часам, к транзисторам, к джинсам, предлагали иконы.

Я, нынешний, парижский, эту крещатицко-гастрономовскую молодежь прекрасно знаю. Неоднократно одаривал рублями или сам в долю входил. Знаю, кто из них падок на часы, кто на ,,Плэйбой" и футбольные журналы, кто торгует иконами якобы XVII века. Пьяницы. Есть и наркоманы, но за стаканчиком подкрашенной сиропом ,,столичной" (,,бабуля, чтоб не засекли, хватай стеклотару, да поживей!") могут и об израильских успехах поговорить, и о результатах последнего Кубка Европы, и об Иди-Амине и Энтебской операции, и не только о цене (50 рублей!), но и о содержании ,,Мастера и Маргариты". И меньше всего о девочках. У них в основном стреляют на пол-литру, у них же, если живет одна или с подругой, ее же ,,раздавливают", а утром просыпаются малость опухшие и опять же выцыганивают что-то на ,,поправку". Все они вроде где-то работают, или числятся на работе, или делают вид, что ищут ее, целый день чем-то, не ясно чем, заняты, вечером же встречаются у ,,Гастронома" или на втором этаже ,,Мороженого", рядом, у входа в Пассаж, или напротив в так называемом ,,Ливерпуле", или в ,,Гроте" против улицы Ленина. И всегда есть что выпить, и о чем перекинуться парой слов, над чем посмеяться, над чем поиздеваться. Над потерями, убытками и прочими прорехами советской власти в том числе. Милиция их всех знает, но в общем-то не очень трогает. Ни их, ни присоседившихся художников, киношников, ни так называемых письменников.

Если парижский гость к ним присоединится (а такое случилось таки), то, несмотря на дикую утреннюю головную боль и кое-какие другие последствия, случившиеся ночью (,,Ничего, парижанин, вытрем, не впервой..."), через неделю, в Париже будет о чем рассказывать...

— Ну, как съездили? — все с той же тихой, иронической улыбкой спросил Войнович. — Понравилась родина?

— Споили, Владимир Николаевич, споили, как вы говорите, в доску. Что пили, не знаю, какие-то смеси, биомицин называли, разбавленный спирт, потом сказали, что мало и надо, чтоб я пошел в бар отеля ,,Дніпро", где продают на валюту, и я пошел, русских, советских туда не пускали, только иностранцев, и я взял две бутылки коньяка, и мы пошли назад, и опять пили, и они пели про какого-то корнета Оболенского или что-то в этом роде, потом раздобыли гитару, под нее бывший капитан пускал слезу, вспомнив, что до смерти четыре шага. Потом схватили такси — набилось в него человек шесть или семь — ездили, называется, за ,,пополнением", в какой-то ,,паровозный резерв", где машинисты ночью обедают. И пьют, конечно. И мы пили. И пели во все горло, ночью, полиция, милиция то есть, почему-то не останавливала. В общем было весело. Но утром, утром...

— М-да... В вашем возрасте все это не очень-то...

— Да в том-то и дело, что забыл про возраст. А здесь, в Париже, все время помнишь. Даже карточка такая есть, ,,Вермей" называется. Пятьдесят процентов скидки в поезде... И называемся мы ,,труазьем аж" — третий возраст... А впереди что? Четвертый? Для нас, русских, Сен-Женевьев-де-Буа, где Бунин, Мережковский, Мозжухин, дроздовцы, Галич...

— Вот видите, зря мы, значит, ругаем советскую власть. Поехали, помолодели.

А Максимов сказал:

— Что киевская молодежь? Вы б с писателями погуляли, лауреатами и Героями Соцтруда, это вам не по рублику или в бар за бутылкой коньяка, узнали б и ,,Арагви", и ,,Националь", ,,Метрополь", ЦДЛ. А повези вас в Тбилиси, ног бы не унесли, там бы и похоронили...

6

Да, поездка встряхнула. И основательно. Началось, конечно, с таможни. Молодые, кровь с молоком, таможенники так увлеклись ,,Пари-матчем" и ,,Плэйбоем" (для того и взяты были), что не обратили внимания на „Жизнь и судьбу" Гроссмана, засунутую среди советских изданий Шукшина, Распутина, Белова. Так и провез, осчастливив москвичей — умудрялись за ночь прочесть все 600 страниц мельчайшего шрифта. Один же из молодых писателей, специализировавшийся на книгах о военной игре „Зарница" („я туда под шумок и Киплинга протащил, и генерала Баден-Пауэля, организатора первых скаутов в Англо-бурскую войну") просто заплакал, когда Гроссман был ему оставлен на вечное пользование. „Ну чем я вас отблагодарю?" — и совал серебряные кавказские кинжалы, из моржовой кости эвенкские, у него была целая коллекция. А другой, журналист спортивной газеты, увидав набитую цветными фотографиями брошюру „Мундиаль-82", ахнул: „Вы знаете, сколько мне за нее дадут? Не поверите. Пару джинсов и Мандельштама впридачу, если уж очень буду жмотничать. Ну, а по вашим, парижским меркам, какой у вас самый дорогой ресторан?" „Максим", „Распутин", „Царевич", „Шехерезада". „Так вот, втроем целый вечер просидеть... — и тут же засмеялся, — а если буду только на один вечер давать почитать, то с „Динамо", допустим, смогу выдоить на ремонт квартиры. Небольшой, правда, однокомнатной".

В Париж вернулся с полупустым чемоданчиком „дипломат". Все оставил в Москве. Дома всплеснули руками: „Клошар!" — стиранная-перестиранная ковбойка, штаны с пузырями на коленях, стоптанные сандалеты...

Пожалуй, это больше всего, что поразило в Союзе — хотя и слыхал об этом неоднократно — гипнотическая тяга ко всему западному. Неважно к чему, лишь бы заграничное. Не говоря уже о джинсах и рубахах — ручки, карандаши, зажигалки, темные очки (ого-го!), желтенькие бритвы (3 франка 5 штук), крем для бритья, зубная паста, щетки, гребешки, трусы-слипы (два мальчика из-за них чуть не передрались, пришлось уйти в ванную и снять свои, заменив их на цветастые, „семейные" советские трусы), полиэтиленовые мешки "FNAC", баночки от йогурта и приведшие женщин просто в восторг зеленые губочки-терочки для мытья посуды. Все это было взято с собой — бери, бери, не представляешь, сколько счастья доставишь москвичам. И доставил!

Поразили и толпы людей и не только мальчишек, стоящие на улице возле „Мерседеса", ожидающего своих хозяев неподалеку от „Националя" или у посольств. И это в стране ракет, летающих дальше всех и лучше всех. „А потому и гоняются наши бабы за зелеными губочками, что ракет не сосчитать, — сказал один. — А будь ракет поменьше, а губочек и губной помады побольше, не тряслись бы вы перед нами, плевали бы, как на какую-нибудь Гану или Нигерию, где в джунглях разве что обезьяны не душатся „Герленом"... Впрочем, другой, скептик, заметил: „Так уж вы уверены, что ракеты эти летают и дальше, и лучше всех? Советское это значит отличное! А мы говорим — это значит „шампанское". Тоже дерьмо..." Кстати, о шампанском. Пьют его в Союзе разве что на Новый год, во Дворце бракосочетаний, да когда перед закрытием магазинов на винных полках ничего кроме него уже не остается. Пьют же... Но это тема для отдельной диссертации. Во всяком случае, не так как французы. Те пусть и с утра, в кафе, перед работой, рюмочку-другую, маленькими глотками, не торопясь, что-то обсуждая, свое, местное, футбольный матч.

Завели как-то москвичи любознательного своего гостя („собственными глазами хочу, собственными ушами...") в элементарную столичную „стекляшку".

Обычной, вываливающейся на улицу, очереди за пивом еще не было. У прилавка, как объяснили хозяева-москвичи, в этот ранний час только те, кому срочно надо опохмелиться. Двое в ржавых спецовках, с виду водопроводчики, угрюмо разделывали у стойки воблу.

— Дать кец? — спросил один из них, заметив внимательный взгляд гостя.

Гость улыбнулся — „Не откажусь".

И завязалась беседа, та самая, из-за которой и приехал-то он к себе на родину.

— Вот эта рыбина, — говорил старший из водопроводчиков, — слыхал я, что тогда, в гражданскую кроме нее и пшена ничего не было. А сейчас — попробуй, достань. Тебе, хоть и русскому, но из тех краев, не понять. Купить ее не купишь, х..я, а достать можно. В обмен. Я одному хмырю кое-какие деталишки завалящие дал (тоже ни за какие деньги не достанешь), а он мне десяточек вот этой, золотистой. Вот так и живем...

Все это было сказано без признака улыбки, хмуро, зло.

Отсутствие улыбки особенно как-то поражало. В Париже, в метро, тоже не только целующиеся парочки, к концу дня на лицах серая усталость, здесь же, кроме усталости, какая-то внутренняя привычная озлобленность, затаенная готовность противостоять любой агрессии, а она поминутно вспыхивает где-то при входе или выходе. Нет, ни в метро, ни на улице, ни в магазинах улыбки нет, не увидишь.

— А чего лыбиться? — пожал плечами все тот же, старший. — Вору не до улыбок. А мы все воры, дорогой товарищ, или как там у вас, камрад. Все. И этот, и этот, и этот, — у прилавка постепенно стали накапливаться любители пива. — А она, эта толстая у бочки, главная воровка. И все на нее в обиде, что не доливает, но понимают — иначе не проживешь. И советская власть наша, голубушка, тоже понимает. Воруй, только не зарывайся. Правильно я говорю, Антон?

— Точно, — кивнул Антон, помоложе. — Не воруют только футболисты да хоккеисты. Спекулянты, но не воры. Торгуют шмотками после загранки, зачем им воровать?

Тема эта, воровства и обмана, очень популярная в Союзе, получила свое развитие за отнюдь не пустым вечерним столом в одном из профессорских домов Москвы. Один из гостей, намазывая толстым слоем икру на ослепительно белый, хрустящий хлеб с улыбкой (только здесь, за столом, они стали появляться) сказал:

— Вот икра. Та самая, за которую девять грамм свинца замминистра рыбной промышленности получил. Откуда она здесь, на столе? И все прочее. Стол ведь ломится от яств. Где достали, дорогая наша хозяюшка, Мария Ивановна? В „Гастрономе" № 2, у Елисеева, на рынке? Черта с два!

Женщина приносит. Есть такая женщина. Ворует и приносит... Так выпьем-ка за женщин!

Все выпили за женщин. Потом кто-то крикнул: „А за мужчин? Мне тут один завмаг, не-не, не скажу какой, два кило копченых угрей по блату отпустил”. И все выпили за мужчин.

Слово взял хозяин.

— Вы здесь совсем недавно, дорогой Виктор Платонович, но, вероятно, обратили все же внимание на обилие лозунгов „Партия и народ едины”. Почему-то над всеми въездами в туннели висят. Многие смеются над ними. А я не смеюсь. И вы не смейтесь. Да, да, едины! Притерлись друг к другу, ненавидят, острой ненавистью ненавидят, те этих, эти тех, но на данном этапе, как говорится, прожить друг без друга не могут. На черта колхознику или рабочему хваленая эта демократия, свобода? Да он не знает, с чем ее едят. А тут все знает. Где и как толь достать, и что принести секретарю райкома, чтоб полуторку на сутки выдурить, а хапуге начальнику милиции, чтоб наскандалившего с пьяну пацана твоего освободил. А Партия — та самая, с большой буквы, честь и совесть народа, знает, что как платят, так и работают. Ну и пусть воруют, только не зарываются. Едины, едины...

Вот это да! Какая прелесть! Простой рабочий и заслуженный профессор закончили свои сентенции одними и теми же словами. Словами, точнейшим образом определившими сущность советской власти. Воруй, но не зарывайся! Вероятно и в Кремле, за тесными их застольями, они, так называемые руководители, ведя пьяную беседу на ту или иную тему, говорят, осуждая кого-нибудь из потерявших стыд министров: „Знает же, падло, что на воровство сквозь пальцы смотрим, без него наш винтик не проживет, но знай же, гад, меру. Воруй, но не зарывайся!”

Очень все это было интересно, стоило ехать. Интересно вникать в то, как советская хозяйка умудряется печься, чтоб холодильник был не пуст — одна другой звонит, что где выбросили. Забавно обнаруживать в букинистических магазинах Матисса, Модильяни, Сезанна, Лежэ, в обложках „Скира", но упаси Бог, Сальвадора Дали — его только из-под прилавка. Интересно и не только печально, все связанное с еврейским вопросом. Централизованный, насаждаемый сверху, антисемитизм и значительно меньший, чем можно было ожидать при такой легализированной директивности, охват им населения. И увлечение ивритом, древней историей, Библией определенной прослойки молодежи. И крестики на шее. И относительно малый процент наркоманов, при алкоголизме, ставшем уже всенародным бедствием. Слыхал, правда, что в Афганистане солдаты, лишенные привычной водки или самогона, с лихвой переключились на гашиш...

Все это интересовало, удивляло, пугало, радовало, восхищало, отталкивало, возмущало, не укладывалось в голове...

Одно особенно никак не укладывалось. Свободные, еретические речи и не только за профессорским столом, а и в забегаловке, да еще с кем, с незнакомым иностранцем, с другой стороны всеобщая запуганность. Что вы, разве можно? Звонить в Париж, поддерживать переписку с уехавшими евреями? Телефон выносят в соседнюю комнату, покрывают подушкой, хотя все знают, что подслушивать можно и из стоящей у подъезда машины. Ну, и излюбленнейшая тема, кто на кого стучит. „Не может быть, что на тебя не стучали. Исключено. Но кто, кто?" И всем, сидящим за столом, становится не по себе.

7

По части запуганности, или скажем так, разновидности ее — лояльности по отношению к советской власти, цену которой знают поголовно все — поразил особенно старый друг детства, еще парижского. Он со своими родителями вернулся в Россию, тогда же, в пятнадцатом году. Отец его занимал какой-то крупный пост, но, как ни странно, умер естественной смертью, а сам Мика стал одним из ведущих журналистов страны. Из тех, кто без конца ездят по заграницам, участвуют во всех конгрессах, съездах, обо всем, что происходит в мире, знают не только понаслышке.

На телефонный звонок ответил сдержанно — „А-а, очень рад, очень рад...", но особой радости в голосе не чувствовалось. Тем не менее пригласил к себе в гости. Жил он в одном из безликих, высоких домов, что выросли на месте старых особнячков арбатских переулков. Квартира большая, светлая, с двумя балконами и видом на кремлевские башни. Обставлена со вкусом, с некоторой претензией — чувствовалось, что хозяин усердно листает заграничные архитектурные журналы.

Низкие столики, шарообразные, подсвеченные аквариумы с экзотическими рыбками, в углу, в японской вазе нечто вроде икебаны из веток и листьев, на стенах африканские маски, абстрактные полотна, на почетном месте, над камином (электрическим!) два пейзажика в золоченых рамах — Марке и Дерена...

Именно о них, как и где они ему достались, больше всего хотелось говорить в этот вечер хозяину. О них, и о бутылке старого Амонтиладо („Помнишь Эдгара По?"), привезенной им из Штатов, о маленькой японской сосенке „банзаи", которая, увы, гибнет, хотя из Японии ему присылают удобрения и по телефону дают советы — что поделаешь, климат не тот...

В прихожей, встретившись впервые через пятьдесят с чем-то лет, развели сначала руками, потом обнялись, ткнулись друг в друга щеками, потом отодвинулись, посмотрели опять друг на друга и, не сговорившись, одновременно произнесли протяжное „м-да-а"...

Полнотелая, добротная жена с бриллиантовыми серьгами в ушах, сказала, соответственно торжественному моменту:

— Встреча двух миров! — и серебристо рассмеялась. — Ну как, узнали бы друг друга на улице?

— А как же, — сказал гость. — По жгучим, рыжим кудрям...

— А я по золотым локонам, — ответил хозяин и оба рассмеялись — один был лыс, другой сед.

Представили сыновей-близнецов, вежливых и безразличных. Они тут же исчезли, за столом выпили по рюмке водки и растворились навсегда. „Свои дела, свои жены, у каждого уже по второй, нет, не в нас, не в нас..."

До застолья ходили по квартире, рассматривали картины, негритянских божков, о каждом рассказывалась его история, потом рассматривали старые альбомы с фотографиями, поахали-поохали над одной, где три пятилетних мальчика, один кудрявый, другой златокудрый, а третий в шапочке держатся за руки и внимательно ждут птички, которая должна вылететь.

— И кто б мог подумать, — вздохнул хозяин, перехватив готовую эту фразу у гостя. — Росли вместе, кормили уточек в пруду, лепили песочные бабки, смотрели ,,гиньоль'' и вот, пожалуйста, один маститый борсописец, другой французский бель-лэтр, а третий... Пал смертью храбрых наш Алик, до войны подававший надежды поэт, на фронте журналист.

— Он, кажется, в Новороссийске погиб, на той самой Малой земле, воспетой Брежневым?

— Да. В Новороссийске, — сухо сказал Мика, не подхватив брошенный ему мяч. В дальнейшем он тоже всячески избегал его.

После третьей или четвертой рюмки заговорили о войне, о Сталине. Собственно говоря, заговорил не Мика, а Вика, хотя Мика в 42-м году некоторое время был в Сталинграде, корреспондентом ,,Известий'', в довольно близких отношениях был с Еременко, командующим фронтом, с Чуйковым. Хорошо знал, встречался там с Симоновым, Гроссманом...

— Кстати, ты читал вторую часть его романа, арестованного в свое время? — спросил Вика. — Недавно на Западе вышел. ,,Жизнь и судьба'' называется.

— Пытался, не пошел... И шрифт мелкий, глаза устают.

— То есть как это не пошел? — опешил гость. — Ты, сталинградец, из-за мелкого шрифта не прочитал лучшее, что написано о Сталинграде? Не понимаю.

— Прочту, прочту, не беспокойся, — замахал руками Мика, точно отбиваясь. — Вообще, про войну как-то уже не очень хочется. Столько уже написано.

— Ну, а новоиспеченного лауреата, небось, все же читал? Может и писал даже?

— Чего с журналистами не бывает. Мемуары Черчилля, де Голля, даже о стихотворных упражнениях великого кормчего пришлось писать.

— А корифея всех времен и народов? В журнале „Иберия” за тысяча восемьсот какой-то там год?

— Нет, — коротко отрезал Мика и посмотрел на жену. — Где ж твоя хваленая индейка, хозяйка?

Но малость выпивший гость не унимался:

— Поразили меня ваши водители троллейбусов и автобусов. Культ личности и тому подобное, а у них эта самая личность на самом видном месте, на ветровом стекле.

— Что ты хочешь, народ соскучился по настоящему хозяину.

— Ты это серьезно? А коллективизация, расправа с армией, ГУЛАГ, дело врачей, все это что, забыто?

— Ну как тебе сказать...

И так и не сказал, зазвонил телефон, потом вышел из кабинета с книгой в руках.

— Тут кое-какие мои статейки. О разных странах. О Южном полюсе даже. Бывал там, нет? А я был.

На первой странице размашистым почерком было написано:

„Другу детства, французскому писателю от советского журналиста. Ха-ха!

Мика”.

Расставаясь, о месте новой встречи не условились. Не было даже сказано: „Будешь в Париже, заходи”.

8

Тема Сталина развилась на следующий же день в крохотной каморке молодого — относительно молодого, сорок с чем-то лет, — художника-диссидента, который упорно, не желал считать себя таковым.

— Ну, какой я диссидент. Диссидент это борец, протестант, а я вольный художник. Хочу делать то, что хочу, не спрашивая разрешения, вот и все...

Гость был в восторге от проведенного вечера, скорее даже ночи. Никаких зажженных, как вчера, свечей и подсвеченных золотых рыбок, и у жены в ушах никаких бриллиантов, ели на клеенке, пили не из хрусталя, а из кружек, и не заморское „Амонтиладо”, а нормальную водку. Стены были увешаны не Деренами и потугами на Поллака, а веселыми пародиями хозяина дома на Пикассо, Матисса, даже Джотто и среди них два пейзажа вполне реалистические и жанровая сценка — очередь к московским такси.

О живописи говорили недолго, закончили рассматриванием альбома гитлеровских акварелей времен еще той войны, кто-то из фронтовиков подарил.

— У нас считается бездарностью, — говорил Эдик, аккуратно переворачивая страницы, — несостоявшийся архитектор, горе-художник, а я вам скажу, гений не гений, но профессионал. Акварель — самая сложная техника, а посмотрите на эти облака, на клубы дыма. Лихо сделано. И впечатляет даже.

Впечатляли, правда, не так клубы дыма над горящими французскими городами, как полиграфическое воспроизведение всего этого. Бумага, штрихи, акварельные потеки, пятно от капнувшего кофе. Полное ощущение оригинала, а не копии.

— И в геральдике разбирался, — добавил с усмешкой Вика, в детские еще годы придумавший и нарисовавший собственный герб. — Сталин в этой области был профаном, нет ничего бездарнее советских орденов и медалей.

Тут Эдик посмотрел на гостя не то что с печалью, а даже вроде осуждающе.

— Ах, дорогой Виктор Платонович, профан, профан... Ну, профан... Придумал всех этих Кутузовых и Суворовых, а с формой несколько подкачал. Развешивал в своей комнате вырезки из „Огонька”, а Гитлер, может быть, оригиналы Кранаха. Один писал стихи о ландышах, другой делал, пусть профессиональные — в этом может быть и разница — акварельки войны. Другое страшно. Не знаю, как с Гитлером в Германии, а у нас со Сталиным... Вы знаете, что я себе представил однажды? Высадись где-нибудь в Коктебеле, допустим, отец и учитель, как в свое время Наполеон с острова Эльбы. Сто дней. Помните? Французские газеты писали вначале — ,,Узурпатор высадился в бухте такой-то", а через сколько-то там дней — ,,Его Императорское Величество вступает в Париж!". Солдаты, посланные Бурбонами задержать его, падали на колени, рыдали. Маршал Ней — тот самый, любимец, а потом враг — тут же перешел на его сторону. А Наполеон шел и выходил первым — ,,Стреляйте в своего императора!". Так вот, я боюсь, что случись такое сейчас со Сталиным, окажись он живым — допустим такую петрушку — на руках внесли бы в Кремль.

Это был самый серьезный разговор в Москве. Да и не только в Москве. Вообще.

Сталин. Гитлер... Нужны ли параллели? Сопоставления? И тот и тот убийца. Но один говорил — ты лучше всех, красивее, умнее, чище, но тебе тесно. И мешают евреи. Уничтожим их, пойдем на Восток, где и земли, и недра, и люди, не умеющие этим распоряжаться. Победим и заживем! И во имя этого убивал евреев, коммунистов, всех, кто стоял на его пути. А другой? Убивал побольше первого и не только евреев и коммунистов (а их тоже), убивал всех, без разбора. Но в силу очень сложных обстоятельств стал главным врагом Гитлера. И победил его, единственного человека, которому поверил в 1939 году. Победил. Не считая трупов. А победителей, как известно, не судят. Поэтому не судили ни Молотова, ни Кагановича, ни Маленкова, у которых крови на руках побольше, чем у томящегося в тюрьме Шпандау старика Гесса, не судили и самого Сталина. Выгнали, правда, из мавзолея, но не развеяли прах тайно по ветру, а перенесли чуть ближе к кремлевской стене и над могилой его красивый бюстик работы то ли Меркулова, то ли Томского, и каждое утро на плиту кладут, утвержденные по списку одного из кремлевских учреждений, три пиона, таких же, как у Калинина, Буденного, Ворошилова...

Всю ночь они говорили с Эдиком про Сталина.

— Ну что вы, — убеждал малость захмелевший Вика,

— Сто дней, Эльба, Коктебель... Наполеон при всем этом был военным гением. И бесстрашным к тому же гением. Аркольский мост, чумные лазареты. Аустерлицы, Фридлянды, Ваграмы это его победы. Победы военачальника. А Сталинград? Победа солдат, а не маршалов...

— Виктор Платонович, дорогой мой, поверьте мне, я не идеализирую этого убийцу, но именно он — пусть и перепугавшийся насмерть в первые дни войны — именно он, не принимавший участия ни в одном Аустерлице, понял, что надо вернуть из лагеря Рокоссовского, именно он прогнал всех Ворошиловых и Буденных и оперся на Василевского, Жукова, тоже имевших кое-какое отношение к Сталинграду, не только солдаты... И вообще, победил не только Гитлера, но и Рузвельта, Черчилля.

— Эдик, Эдик, речь не о том, кто кого победил, а о том, о чем вы сами заговорили. Победить победил, но какой ценой? И вы считаете, что все это забыто? И двадцать миллионов, которыми почему-то все время теперь хвастаются, и другие миллионы, о которых не вспоминают? А вы говорите Коктебель, на руках в Кремль внесут...

Так и не разобрались в этом клубке. Спорили, доказывали, убеждали, приводили неопровержимые доказательства, а в конце концов, убедив со смехом друг друга, что во всем виноваты не только Сталин, Ленин, Маркс со своим Энгельсом, а может быть вовсе Спартак или какой-нибудь неандертальский вождь, оба устали и уснули. Гостю постелили на диване, а утром он проснулся со странным ощущением — никогда у него такой интересной ночи не было.

9

Летя в самолете Москва-Париж, он подводил итоги. Что такое итог? Чему итог? Жизни? Взглядам? Идеям?

Никак не мог разобраться, что ж это такое, советские люди? И советская власть?

Советские люди... Кто? Мика, Эдик, водопроводчик в забегаловке, киевские пьяницы? Все все понимают. Может быть, это и отличает советских людей от нас, западных? Но, вот, водопроводчик, протягивая тебе эту самую рыбину, воблу, говорит, жри, вкусная. Но ворованная. Кем, где и когда, не важно, но знай, — это наша жизнь. А случись невероятное, напади снова, как в 41-м, агрессор и он, этот самый водопроводчик, пойдет защищать эту жизнь, эту власть, которая не кормит его, а разрешает воровать — и за это он ей благодарен — пойдет защищать, как защищали ее сталинградские солдаты.

А Мика, друг детства Мика? Не хочется даже о нем вспоминать. Раб. Раб, на котором и держится это рабовладельческое общество. Он защищает его сейчас, когда никакой войны нет, причем непонятно, от кого и что защищает — западные его не читают, свои знают, что врет. И он это знает, немолодой, образованный, все понявший и на все закрывший глаза.

А его дети? Два появившихся и изчезнувших близнеца? Обоим за сорок, один инженер, другой что-то там по кибернетике. Оба, очевидно, не только в своей профессии разбираются, но папаше не нужно было в этот вечер их общество, и они исчезли. По двум-трем произнесенным ими фразам, понятно, что циники. „В Доме кино показывают сегодня „Эммануэль” для советских импотентов. Не интересуешься, папа?” Ну его, Мику... Это приспособившаяся элита, это не лицо страны. Что же, Сахаров тогда? Нет, он некое оправдание, герой, взваливший на себя тяжесть всего происходящего. И Эдик не лицо, хотя очень хотелось бы, чтоб именно он — веселый, умный, ироничный и где-то печальный — был лицом. Двести шестьдесят миллионов лиц, а ищешь одно... Чепуха!

Ну, а власть?

Власть есть власть. Насилие. Властью был Нерон, Кромвель, Петр Великий, перед которым преклонялся свободолюбивый Пушкин. Ромен Роллан, Уэллс, Фейхтвангер пытались найти какие-то оправдания в кровавом режиме Сталина. Аристократу Анри Барбюсу принадлежит изречение „Сталин это Ленин сегодня”. У ироничного, скептичного

Бернарда Шоу в столовой, на самом видном месте, фотографии, очевидно подаренные, Ибсена, Ганди и... Ленина, Сталина, Дзержинского. Андре Жид, путешествуя по Союзу, многим искренне восторгался и в книге его больше восторгов, чем осуждений. Но осуждения были, за это и оплеван был Михаилом Кольцовым, но никак не мог понять – „Ведь я искал хорошее в этой стране, хорошее, хорошее...”

Нынешний парижский гость не искал ни хорошего, ни плохого. Вглядывался, впитывал, тонул во взаимных словоизлияниях, пытался разобраться в противоречиях. О власти кое-что знал, но чтоб понять ее до конца, говорили ему, да еще такую, надо малость под ней пожить. И все же ему, десятидневному туристу, удалось уловить одну, тщательно скрываемую черту этой власти. Уловить и понять. Понять, что Советская власть, несмотря на свои ракеты и танки, если не слаба, то труслива. И понял это на шереметьевской таможне.

Сначала один, потом два, наконец четыре таможенника заинтересовались полупустым чемоданом „дипломат”. Возможно, удивил их внешний вид иностранца — ковбоечка, тапочки, а тут еще полупустой чемоданчик. Рассматривали со всех сторон, выпотрошили, проверили каждую зубную щетку, гребешок, пасту, потом унесли пустой чемоданчик и через полчаса, явно разочарованные, вернули обратно.

— Что вы искали? — не удержался и спросил покидавший страну гость. — Атомную бомбу, гашиш?

— Чего надо, того и искали, — буркнул в ответ старший из таможенников.

— А может, литературу, микрофильмы? — и чувствуя, что зарывается, поставил все же точку над i: — Ох, и боитесь вы печатного слова.

— Мы ничего не боимся, ясно?

Таможенник сказал это громко и четко, но в этом ответе слышен был истинный ответ власти, ответ, который она сама от себя пытается скрыть — да, боимся.

Это было последнее впечатление от страны, от родины, с которой ему так хотелось познакомиться.

34

Слава Богу, всего этого не было, все это придумано. Игра. Семья вернулась в Россию. И Вика не кончал парижский лицей, очевидно, Мишле, лучший из парижских, и не писал под Пруста (Гамсун и Хемингуэй, такое странное сочетание ожидало его в жизни), и не воевал в маки, и с москвичами и киевлянами встречи были иные.

Да, слава Богу. Хотя, возможно, даже вероятнее всего, у оставшегося в Париже мальчика была бы теперь собственная квартира, а не снимаемая у месье Бретаньона за все растущую плату. Не исключено, что и маленький домик с садиком где-нибудь на берегу речки. А может и на Лазурном берегу. И собственная яхта.

И мама покоилась бы на тихом, ухоженном русском кладбище в Сен-Женевьев-де-Буа, а не на Байковом, в Киеве, куда никогда уже не придешь и не положишь букетика ландышей. И Коля был бы жив...

Вариаций много, не счесть — погибнуть в маки, сложить голову под Гвадалахарой, наконец, как многие из русских, вернуться в Советский Союз и угодить в лагерь... Но мы в своей игре выбрали другой, менее трагический путь и тем не менее говорим — слава Богу! Слава Богу. Почему? Но не будем забегать вперед.

10

Итак, вернулись в Россию.

Последние годы царского режима, революция, гражданская война, НЭП, коллективизация, индустриализация, тридцать седьмой год...

Вот тут могло кое-что случиться. Но не случилось. А очень и очень могло.

Поселилось семейство, вернувшись из Парижа, на пятом этаже большого шестиэтажного дома, принадлежавшего некоему Гугелю. Никто никогда его не видал, остались после него только швейцар Герасим с женой лифтершей Катей и детьми — от них многое что зависело в те нелегкие годы — но дом сам по себе был прекрасен. Квартиры удобные, большие, по пять, шесть комнат с наборным паркетом, лестница мраморная, широкая, перила прекрасно отполированные (не без участия наших животов и задниц, чемпионы этого спорта съезжали вниз „по-амазонски") , входные двери из ромбовидного зеркального стекла, ну и лифт, в основном, естественно, не работавший из-за перебоев с электричеством. Но, когда работал, знаменит был тем, что лифтерша Катя за определенную мзду, поднимала на нем наших котов, которым после прогулки лень было подниматься по ступенькам.

Шестикомнатность гугельских квартир была в свое время, конечно, плюсом — столовая, даже с камином, гостиная, спальни, детская, кабинет — с незабываемого же семнадцатого года — минусом.

Появилось такое понятие, как уплотнение, такое слово, как реквизиция. Само собой разумеется, что шесть комнат для трех женщин (мама, бабушка и тетка) с ребенком (Коли уже не было) — роскошь. И уплотнили. Не очень помню, но жили у нас сначала немец, потом француз, когда же оккупантов изгнали, появились в нашем доме — по порядку — двое симпатичных студентов-медиков, его звали Файвель Давыдович, ее Бронислава Викторовна. Потом на их месте, бывшем мамином кабинете, поселился лихой осетин, как он утверждал, из Дикой дивизии. К нему приходили женщины. Как-то одну из них он обозвал словом, которое я не понял, но бабушка мне объяснила, что это тоже самое, что институтка. В моменты безденежья он приносил мне серебряные кавказские кинжалы и без особой надежды спрашивал, не купит ли кто-нибудь из моих товарищей. Потом жильцами, в других уже комнатах, стали люди, которых называли чекистами. Семейство Уваровых с малышом Юрочкой, обожаемым всеми. Юрочка Сальц-Вальц, называл он себя, что означало Юрий Александрович Уваров. За ними, — они куда-то уехали, — муж и жена Кушниры, наименее общительные из всех. И, наконец, Сидельниковы — он сотрудник милиции с братьями, женой и отцом. В угловой комнате кроме того жили двое библиотекарей — супруги Балики.

Из шести комнат за нами остались, в результате всех

уплотнений, только две — бывшая гостиная (в ней бабушка на широкой, орехового дерева, кровати, мама на синем диванчике и я на раскладушке, именовавшейся тогда ,,раскидачкой''), и тетисонина комната, она, при всем своем демократизме, любила одиночество.

Вот в двух словах история одного из самых страшных явлений, принесенных новой властью — коммунальных квартир, в просторечьи коммуналок. О них, родивших в народе лютую ненависть и зависть к соседям, написано столько, что нет смысла повторять.

Мне, до того самого счастливого дня, когда выдали ордер на отдельную квартиру (фронтовик, писатель, лауреат, коммунист!), суждено было жить, как и всем нормальным людям, в коммуналках. Не самых страшных. Но с полдюжиной примусов на кухне, с отдельными лампочками над кухонными столами и в уборной (посмотрев на гроздь висевших в передней лампочек, мой друг сказал: ,,Гроздья гнева''), с горой корыт, тазов и прочего хлама в коридорах, с неспускающейся водой в уборных.

Все это было неудобно, хотя и привычно (другой жизни мальчишки моего возраста не знали), но в случае с моей семьей сыграло, думаю весьма положительную роль.

Сам по себе напрашивающийся вопрос — почему семейство ,,бывших'', даже дворян, к тому же переписывающихся со Швейцарией — мамина сестра спокон веков там жила — почему это семейство не репрессировали? Ни в первые годы революции, ни в последующие тридцать седьмые. Почему?

Ответ может быть только один — благодаря соседям. Тем самым, чекистским. Мать их всех лечила. И маленького Юрочку Сальц-Вальца, и его папу, и маму, и вечно чем-то болевшую жену Кушнира, и все семейство Сидельниковых. И делала это всегда с охотой, потому что была хорошим врачем и любила и умела лечить людей. А люди часто болеют. И любят, чтоб их лечили. Без поликлиники, дома, это особенно любят. И банки тут же ставят, на собственной кровати.

И бабушку все любили, Алину Антоновну. Ее просто

нельзя было не любить. И чекисты — не знаю, чем они занимались в служебное время — не были исключением, тоже любили.

Трудно как-то поверить, что в жестокий наш век любовь могла спасти людей, но другого объяснения я не нахожу.

И тут, в нашей игре „а если бы”, я делаю намеренный пропуск. Могло не быть в нашей квартире № 17 по бывшей Кузнечной, позднее Пролетарской, позднее Горького улице никаких Уваровых, Кушниров и Сидельниковых или быть-то были, но в силу каких-то причин, невзлюбили бы они Зинаиду Николаевну и Алину Антоновну, а особенно, Софью Николаевну, все время протестовавшую против незаконных увольнений и арестов — и жизненный путь трех женщин и одного молодого человека круто изменился бы. Но не мне, не испробовавшему тюремной похлебки, а по-русски, баланды, не мне, после Шаламова и Солженицына, рассказывать об этих не случившихся, но возможных днях. Поэтому и пропуск.

Крутой перелом в жизни трех пожилых женщин и их внука, племянника и сына мог произойти в любой момент знаменательной четверти века, отделяющей Великую Октябрьскую от Великой Отечественной. Но не произошел. Семейство без особых треволнений безбедно прожило эти двадцать пять лет. Уточним — безбедно, это значит без бед, а не без бедности. О каком достатке может идти речь, когда мать ежедневно топала босиком по Протасову Яру и Дарданеллам* участковым врачом, тетка — консультант-библиограф, бабушка домохозяйка, а чадо больше училось, чем работало, а когда работало — старшим рабочим на „Вокзалстрое” — тоже получало гроши. К счастью, оно тогда еще не пило, ходило в юнгштурмовке и тапочках (первый костюм был сшит к защите диплома, т. е. в 25-летнем возрасте) и только часы у него были заграничные — бабушке дважды — (в 1924

* Дарданеллы — нет, не памятный по Первой войне пролив, отделяющий Мраморное от Эгейского моря, а узкая и скользкая тропинка между двумя „глинищами” на Демиевке, хулиганской окраине Киева (позднее — Сталинка).

и 28 гг.) удалось съездить к младшей дочери в Лозанну — невероятно, но факт.

Ну, какие переломы могли произойти в эту эпоху? Разве что ноги, при восхождении на Эльбрус. Даже получи он за свой проект библиотеки Академии Наук в Киеве отличную отметку, а не скучную тройку (никаких капителей, пилястр и фронтонов — мы не предатели!) — ничего бы особенного не изменилось бы в судьбе чертежника какого-нибудь „Киевпроекта". Даже успехи в области театрального искусства. А может быть?.. Может быть, понравься молодой, говорят способный, но не со слишком советской внешностью актер Константину Сергеевичу Станиславскому и все пошло бы по другому? А ведь был такой случай, был...

Веселая шайка верящих в свою звезду, только что окончивших студию при театре Русской драмы (теперь он называется почему-то имени Леси Украинки) гениев ринулась в Москву. В Москву, в Москву, в Москву! В театральную Мекку! Там Художественный театр, там живой еще Станиславский, там его студия, предел мечтаний... Повезло только одному Ионе Локштанову. Он был принят в Святая Святых. И, как верный друг сказал:

— Клянусь тебе, я сведу тебя со Станиславским.

И клятву сдержал. И историческая, как мы тогда без тени юмора считали, встреча состоялась.

Почему-то запись о ней, сделанная в тот же вечер 12 июля 1938 года, сохранилась. Можно было бы ее привести, но особыми литературными достоинствами она не отличалась, да и знакомил я уже с ней читателя лет десять тому назад, но сейчас, готовясь к небольшому скачку в сторону, позволю себе все же ненадолго на этом событии остановиться.

Двое нахальных, самоуверенных молодых человека отняли у немолодого и всегда чем-то больного Константина Сергеевича два часа его драгоценного времени. Преподнесли ему коронный свой номер — Хлестакова (Ионя подыгрывал Осипа, городничего и трактирного слугу в отрывке из второго акта), парный этюд (с вспышками темперамента!) и специально написанный самим испытуемым рассказик, выданный за сочинение никогда не существовавшего литовского писателя Скочиляса („Как, как? — переспросил К. С., а потом вроде вспомнив, кивнул „да-да, знаю...")

Без конца обсуждалось потом, насколько успешно прошел показ. Да-да, он сказал „с вашим Хлестаковым можно выступать на профессиональной сцене" — такой похвалы из уст самого мэтра предостаточно, — да, но тут же он придрался к маленьким „правдочкам", из которых рождается большая. Было спрошено, например, какой номер телефона я набирал в этюде. Я выпалил какой-то. „Нет-нет, — сказал К. С., — я внимательно следил за вашим пальцем, вы набирали только ноль". Господи, сколько вокруг этого ноля было потом разговору. „Холодный, бесчувственный старик, плевать ему на эмоции, за пальцем видишь ли, следит..." „Да, но ты помнишь, что во время твоего темпераментного этюда, он стянул скатерть со стола, значит, не только пальцы, но и эмоции".

Но кончился показ вовсе не триумфом. Было сказано:
— Вот осенью состоится конкурс в студию. Считайте, что экзамен вы сдали, а по конкурсу посмотрим.

Я считал это провалом, Ионя и все друзья — победой. Но случилось так, что Константин Сергеевич до конкурса не дожил, умер через два месяца после „исторического" свидания. Друзья подтрунивали надо мной — „Просто, увидев тебя, понял, что дальше в этом мире ему делать нечего и тихо ушел из жизни. Гордись!"

Хорошо, ну а приняли бы в Святая Святых? До этого была воля вольная — „Тайна Нельской башни", „Парижские нищие", „За океаном" — страсти, страсти! — даже до сих пор заливаюсь краской! — Вронский... Изображалось все это, правда, на захудалых клубных сценах всяких там Гайсинов, Гайворонов и Немировых, но все же размах — Скриб, Гордин, Дюма, Толстой, даже Шейнин. А тут, под придирчивым глазом старика „третий месяц изображай будильник", как жаловался один из любимейших учеников его Гошка Рево.

И все же... Отзвонив положенное количество месяцев, получил бы путевку в жизнь. И тут я холодею.

В армию не взяли б, была б броня (впрочем, в Ростове она тоже была, но как-то отделался), выступал бы с концертами в воинских частях и госпиталях. (В июле 41-го, до мобилизации, узнал я, что это такое. Стыдобушка. На второй же день войны, выступая перед новобранцами, так волновался, что забыл последнее четверостишье стихов Николая Асеева — первые стихи о войне в „Правде” — и тут же, от того же волнения, сам сочинил какой-то набор слов и, ничего, сошло.)

Но это война, фронтовые бригады, где-то что-то все-таки рвется, стреляет, а ты патриотическим глаголом жжешь сердце. Ну а потом?

Мир. На подмостках ерш из Абрау-Дюрсо с сивухой — старика Островского с Корнейчуком, Шекспира с Софроновым, Розов или Миша Рощин уже радость. Великий МХАТ, качалово-москвинский МХАТ решает проблемы не мироздания и неба в алмазах, а сталеварения. Малый наперегонки с Вахтанговым, изнывая от благодарности к автору, воплощает на сцене героев Малой земли и целины, „Современник” тихо угасает, „Таганка” на волоске, „Малая Бронная” пока еще с Эфросом, но „ще не вечір”...

11

... Ресторан для избранных на улице Горького. Прибежище Счастливцевых и Несчастливцевых. Пропивается получка или премиальные „Мосфильма”. Двоими, сидящими в углу за маленьким столиком.

— Вот, казалось бы, радоваться только, сижу в ВТО с любимым другом, пью виски, закусываю креветками, жена в отъезде, дети, слава Богу, не звонят, где-то тоже загорают, читаю себе Тютчева и Цветаеву, новая пластинка вот вышла, из Америки привезли первый том десятитомного Булгакова и парижскую запись последнего концерта Ролингсов. Что еще надо, живи и радуйся... И не получается. На душе, как в той песенке „Завтра Новый год, а настроение, черт его знает почему, е.....е в.... подмышку.

— Тоша, Тоша, ты это обо мне. Булгакова, правда никто не привез, но жена и дети, как и у тебя, в отъезде, тишь да гладь, а настроение тоже „в подмышку". И из-за чего? Из-за кого, точнее.

— Сын, что ли, спился?

— Да нет, из-за другого алкаша. Талантливого нашего, умного, пусть хитрого, всех и все знающего, но все же пьяницы, значит, не самого последнего человека.

— Знаешь что? Не будем о нем. Он все же дело делает. И людям как-то помогает. А то, что подписывает какие-то ненужные письма — что ж, это плата за то, что дают ему все же дело делать... Погрозим ему пальцем — поймет, поверь мне, — и простим. По-христиански... Давай еще по одной.

— Давай... Знаешь, Тоша, за что выпьем? За то, чтоб никогда нам с тобой не светила звездочка Героя Соцтруда. Хватит с нас Народных СССР.

— Хватит...

— Хватит...

— С гаком?

— С гаком! Закажем еще креветок?

— А может раков? С пивом. У них сегодня пильзенское, настоящее.

— Раков так раков. Идет. Э-э, мэтр! Кстати, о птичках, о народных. Ведь не сыграй я Железного Феликса, так и сидел бы в заслуженных. Плевали мы на это, скажешь ты. Плевать-то плевали, а сыграть сыграли...

— А я Алексей Максимовича, Викуля, а Коля Губенко Керенского, кристальный Вася Шукшин, напялив на голову лысый парик, маршала Конева, а Кваша Карла Маркса, пробривал себе лоб, а друг твой Кеша — Ильича. Попробуй отказаться от таких ролей. Не дорос, мол? Знаем, знаем мы эти ваши штучки и в книжечку запишут, „Личное дело" называется: „Идеологически не выдержан, политически не развит, ссылаясь на объективные причины, отказался от роли...", и пошло, и пошло...

42

— Так не отказался же, вот в чем ужас. И сыграл-то плохо, стыдно вспомнить. И автора пьесы презирал, а сыграл. А в награду, пожалуйста, почетное звание, со всеми дополнительными благами, мать их...

— Не казнись, все мы такие. А чтоб Героя получить, мало сыграть мудака в пьесе говнюка, надо и письмишко это самое подписать. Вот ведь и бывший властитель дум Эуген тоже подписал. Вроде оппозиционер. Не ахти какой, но все же...

— Не говори мне о нем, сплошное огорчение. Никогда ж не подписывал. Балансировал, и нашим, и вашим хотел, но подписывать не подписывал. А тут гневно сжимает кулаки. Оккупанты, видите ли, не жалеют никого — ни стариков, ни женщин, ни детей. Ни палестинских, ни ливанских. Остановить убийц! Прекратить провокации в Ливане! И не стыдно...

— Не стыдно. Будем рады уже тому, что о братской руке, протянутой Афганистану, стихов хоть не пишет.

— Ну что ж, давай радоваться.

— Давай!

— Давай!

И в этот момент появляется тот самый Эуген.

— А-а... Представителям наипервейшего в мире искусства наше нижайшее. Пришипились в уголочки и чьи-то косточки перемывают. Можно к вам?

И что ж? Представители наипервейшего говорят „нет”? Черта с два! В лучшем случае скажут: „Ваши, кстати, перемывали, но можем и чьи-нибудь еще. На ваше усмотрение”.

— И подвинутся, и закажут еще пива. И соответствующие косточки для перемывки найдутся. И усердно примутся за дело.

Сгустил? Сгустил.

Зачем? Ведь не только же в ВТО сидят. И не только Железного Феликса, юного Маркса, начинающего адвоката Владимира Ульянова играют. Не только Ленина, но и Гамлета, Порфирия Порфирьевича сыграл Смоктуновский. И в МХАТ'е не только „Сталевары”, но и Булгаков, Распутин,

Володин. И в кино давно уже нет „Клятв”, „Третьих ударов”, „Падений Берлинов”.

Зачем сгущать? Зачем подслушивать в ВТО именно этот разговор, а не другой, где пьют и поздравляют молодого актера с Протасовым или заливающуюся краской девушку с Ниной Заречной?

А потому что нет новой Нины Заречной! А та, чеховская, дожила до наших дней только потому, что автор не дожил. А дотяни он, победив свою чахотку, гнить бы его косточкам на Колыме. И никаких „Чаек”. Даже с занавеса содрали бы.

Да, но...

Стоп!

Дальше не могу. Боже мой, какое счастье, что чаша сия миновала меня. Ни я, ни Театр ничего от этого не потеряли. Ни о каком Народном не могло быть и речи. И никаких Железных Феликсов. (Как ни странно, но в юные, актерские годы свои мечтал сыграть не только Хлестакова или Раскольникова, но почему-то и... Якова Свердлова. Шел в те годы фильм о нем. Такой себе интеллигент-революционер в пенснэ. Как раз для меня, худенький, небольшого росточка.) Нет, играл бы вторые, третьи роли, преимущественно отрицательные, белогвардейцев, интеллигентных хлюпиков. В газетах, какой-нибудь „Сызранской правде”, хвалили бы, допустим, может, и в „Советской культуре” появилось бы „отлично справился с нелегкой ролью ренегата-отщепенца Заслуженный артист Башкирской АССР такой-то”. И все бы поздравляли.

А ночью, после спектакля, ни в каком не „Арагви”, а в захудалой сызранской или краснодарской „Волне”, без всяких креветок глушили бы „Московскую”, багровея от градусов и обиды:

— Читал распределение? Каренину-то сисястой своей мадам дал. А?

— А ты сомневался? Думал твоей Шуре?

— Да, но мадам уже за полста. Постыдился бы...

— Не по его воле. По ее. Если б по его, то играть бы Вознесенской, сам знаешь.

— Вознесенская уже забыта. Он теперь за этой, как ее? Новенькая, в букольках.

— Хе-хе... Новенькую в букольках Карлинский закадрил.

— Все! Не видать ему теперь Фердинанда.

— Не беспокойся, будет и Фердинанд. Он уже в партию подал...

— Жорка? Побойся Бога, он и Гегеля от Гоголя не отличит.

— Зато „Спидолу” нашему Фигаро по блату достал.

И пошло, и пошло... До утра.

Нет, слава Всевышнему, миновала меня сия чаша. Сыграл на прощание князя Кутайсова в „Генералиссимусе Суворове” — три слова под занавес, в последнем акте — и командиром взвода в Запасной саперный батальон — с места песню, шагом марш по маршруту, указанному на карте. Закончился он в селе Пичуга, Сталинградской области. И всю зиму учил бойцов чему-то не очень ясному тебе самому. Все же лучше, чем читать с эстрады стихи Николая Асеева.

12

Война!

Опасность на каждом шагу. Снаряды, бомбы, тупица начальник, нерадивые подчиненные, вор старшина. Да и ты сам. Выпей я, например, больше или меньше после того как попался на глаза пьяному начальнику штаба.

— Э-э, инженер! Давай-ка сюда! Голую Долину надо кровь из носу взять, ясно? Собирай мальчиков, по кустам расползлись и вперед, за Родину, за Сталина! Возьмешь — „Красное Знамя”, не возьмешь — сдавай партбилет, ясно? Выполняй!

Тут-то и заскочил к Ваньке Фищенко, разведчику, ахнул кружку, стало веселее. Мальчиков собрал человек пятнадцать, пистолет в руку и — „За мной!”. Кончилось все в медсанбате. А возьми я эту чертову Долину?

Вариантов не счесть. В первый же день, как столкнулся с немцами — май сорок второго, тимошенковское наступление под Харьковом. Десяток сопливых саперов с трехлинейками образца 1891/30 г. против четырех танков с черными крестами. „Справа по одному к роще „Огурец”!” И побежали. Знаменитый Нурми мог мне позавидовать. А не вспомни я этот овощ и подавили бы нас гусеницами... Или „Хенде хох!” — лагерь, потом другой, свой — читай солженицынский „ГУЛАГ”.

Одно знаю — ни Александром Матросовым, ни Гастелло не был бы, окажись я даже летчиком. Все было куда банальнее. Начал младшим лейтенантом, кончил капитаном. В Люблине. И тоже не слишком героически.

На этот раз было пиво. В подвальчике бойцы расстреляли бочки и пиво выносили ведрами. Мы с начфином присоединились. „Эй, танкисты, холодненького!” В Люблин въехал на броне „тридцатьчетверки”. Не дойдя до Кшаковского Пшедместья, центра, стала. Чего, спрашивается? Фрицев испугались? Железные, а я из мяса, за мной! И с пистолетом в руке покатился по мостовой. Снайпер! А окажись он попроворнее и лежать бы мне в Люблине на кладбище воинов-освободителей...

Этим лихим эпизодом и закончилась военная карьера замкомбата 88-го Гвардейского саперного батальона.

Госпиталь. Демобилизация. Инвалид II группы. Карточки, распределители, отоваривания, семья...

Нормальный человек женится лет двадцати. Витя, мой пасынок, двадцати семи. Сделай я этот опрометчивый шаг в его возрасте и, к моменту демобилизации появившийся еще до войны пацан, ходил бы уже в школу.

Многие женятся на своих сокурсницах. Воины иной раз на госпитальных сестричках. Некоторые отбивают жен у ближайших друзей. Или у сотрудников по конструкторскому бюро.

И могли же планеты расположиться так, что отбил бы я жену, например, у писателя Н. Ну зачем ему, старому и плюгавому, такая красивая и элегантная? Руку и сердце!

Через полгода выясняетя, что никаких гонораров не хватит. „Неужели тебе приятно, если твоя жена будет ходить мымрой?” Вот и ходит не мымрой, даже Скобцева завидует.

А гонорары тают. Научпоповскую халтуру взял, не спасает. К счастью, к концу года ушла к Евтушенко.

Но могла подвернуться и другая. Верная подруга. Все, что ты ни напишешь, прекрасно. Завидует машинисткам, которые первые знакомятся с текстом. И к внешности твоей относится с почтением и уважением, знает какой цвет к лицу, к седине. И хозяйка прекрасная. Гостей обожает. И все бы хорошо, не втемяшь она себе в голову, что алкоголь разрушает семью. В отсутствие мужа отодвигает все диваны и кушетки в поисках недопитой четвертинки. Найдя, разбавляет водой. Дура, главного загашника-то ей все равно не найти...

Третий, четвертый, сотый вариант — один из сложнейших, как бы они, эти мымры и воительницы с алкоголем сочетались бы с Зинаидой Николаевной — но обо всем этом писать как-то лень, утонешь в семейных мелочах и конфликтах, отцах и детях, дедушках и внучках — ну его, не моя это специальность, не лежит к этому сердце.

За всю свою жизнь я знал только две семьи душа в душу. Одна в Москве, другая в Киеве. Ни разу не изменили друг другу, всегда есть о чем поговорить, поделиться мыслями, друг без друга дня прожить не могут — тоскуют. Пожалуй, даже для соцреализма эти две здоровые советские семьи показались бы лакировкой. ,,Нет-нет, — сказал бы редактор, — переборщили. Ну неужели Сергей Львович ваш хоть на минутку не может увлечься какой-нибудь актрисулей? Во время съемок, экспедиции, выпив лишнего? Потом пусть раскается, повинится, но вашей же идиллии никто не поверит. Очень прошу, переделайте. Лично для меня..." Но я не переделаю, напишу как есть, в минуту ностальгического криза. Лишь бы сами мои герои не обиделись — неужели мы такие зануды?

Итак, минуем эту тему. Моя жизнь сложилась иначе и пока еще не закончилась. Подведу итоги не сейчас, под женевской сосенкой, а потом, в райских кущах — надо же чем-то там заниматься, а то подохнешь от скуки.

13

Писательская карьера, судьба...

О'Генри первый свой рассказ написал в тюрьме, на какой-то конкурс, в подарок своему сыну. Было ему сорок лет. Сервантесу пятьдесят пять, когда он начал своего „Дон-Кихота" в севильской тюрьме. Стивенсон выпустил первую книжку про какое-то Пентландское восстание 1666 года пятнадцатилетним мальчиком и только через восемнадцать лет прогремел на весь мир „Островом Сокровищ". Александр Дюма начал с никем не замеченного водевиля „Охота и любовь" и лишь в сорок два года воздвиг памятник самому себе „Тремя мушкетерами". Виллергие, Лорд Р'Оон, Орас де Сент-Обен, Альфред Кудре, Эжен Мориссо, граф Алекс. де Б. — псевдонимы посредственного очеркиста, ставшего впоследствии великим Бальзаком. Математик, профессор Оксфордского университета Чарльз Латуидж Доджсон писал между делом, чтоб позабавить свою племянницу и превратился в Льюиса Кэролла, автора переведенной на все языки мира „Алисы в стране чудес". Мопассана без конца муштровал и не выпускал на свет божий Флобер. Бабеля тиранил Горький.

Мне повезло, — я попал в руки Владимира Борисовича Александрова. Но до этого была цепь довольно забавных взаимопереплетающихся событий.

— Как вам нравится, — жаловалась моя строгая тетка знакомым. — Керосин стоит бешеные деньги, а мой племянник завел керосиновую лампу со стеклом, при коптилке, видите ли, ему неудобно, и целыми вечерами пишет свое гениальное произведение.

Знакомые сочувствовали, а со временем, когда „гениальное" это произведение увидело свет, попробуй они хоть что-нибудь критическое по поводу него сказать — тетка горло перегрызла бы.

Так или иначе, но оно было закончено, перепечатано, в Киеве отвергнуто всеми издательствами и отправлено в

Москву Ясе Свету, пусть там покажет кому надо. Но в руки оно ему попало не сразу и не прямо.

Откатимся года на два назад. Баку, госпиталь. Приходит на мое имя открытка. Написана она некоей незнакомой мне дамой, по фамилии Соловейчик. Из Дербента. Там, на вокзале, некий раненый, услышав, что она едет в Баку, попросил зайти в эвакогоспиталь номер такой-то, в Черном городе и передать привет от такого-то. „В Баку я не поехала, — заканчивает она свою открытку, — фамилию раненого забыла, но привет передаю. Желаю скорого выздоровления. Мира Соловейчик".

Прошло два года.

Как выяснилось, на бандероли с рукописью я по ошибке написал не ул. Веснина 28, кв. 7, а кв. 17 (до войны я жил в 17-й квартире). И надо же, чтоб в том же самом доме, где жил Яся, в 17-й квартире жила та самая Мира Соловейчик, к тому же имеющая какое-то отношение к литературе. „А не лежал ли он когда-нибудь в Баку, ваш Некрасов?" — спросила она, занеся бандероль. „Лежал" — ответил Свет и с этого момента не он, а она, дама энергичная, с литературными связями, взяла шефство над рукописью.

Побегать пришлось ей много, безуспешно, везде отказы, пока злополучное произведение не попало в руки того самого, ныне, увы, покойного, Владимира Борисовича Александрова, критика, одного из образованнейших людей на свете, заядлого холостяка, народника и денди одновременно, знатока утонченных блюд, а заодно и напитков, что нас особенно и сблизило.

Дальше все пошло как по маслу. Твардовский, Вишневский, „Знамя", растерянность официальной критики, Сталинская премия, успех, издания и переиздания, деньги...

Увы, почти никого из тех, кто стоял у моей литературной колыбели, не осталось в живых. Ни Твардовского, ни Вишневского, ни Толи Тарасенкова и Туси Разумовской, первых редакторов по „Знамени", ни Игоря Александровича Саца, „личного" моего редактора и друга, ни Миры Соловейчик, ни Владимира Борисовича, которому я обязан не только тем, что он меня „открыл", но и тем, что открыв, приобщил к тому, чем так щедро одарила его природа — к его уму, культуре, благородству и порядочности. Господи, как мало осталось людей с такими задатками...

Итак, волею судеб, Зевеса или расположения светил мечта жизни осуществилась. Пошел в тетку — та, в десятилетнем еще возрасте, писала в своем лозаннском дневнике: „одна мечта — стать писательницей!" Мечта в какой-то степени осуществилась — ее воспоминания, „Минувшее", опубликованные в 1963 году „Новым миром" (ей было тогда 82 года!) одобрены были самим Корнеем Чуковским. „Здорово! В Москве только и разговора, что о Вашем „Минувшем"!" — писал он ей и это было высшим орденом, который тетя Соня с гордостью носила до последних своих дней.

Писательская карьера и мне не давала покоя. Единственное в моей жизни „Полное собрание сочинений" увидело свет (в одном экземпляре!) в 1922 или 1923 году. Состояло оно из шести томов. Страницы были пронумерованы, через каждые десять или двенадцать значилось — Глава такая-то. Текста, правда, не было, считалось, что со временем я восполню этот пробел. Безжалостные варвары, немецко-фашистские оккупанты сожгли этот раритет вместе с домом и шкафом, где он хранился — маленькие, сшитые нитками странички, с обязательным на каждой обложке „Издательство Девріенъ, Кіевъ, 1922 г.". (В те годы я был еще монархистом, носил в кармане карандаш и на всех афишах приписывал "ъ") .

Я горько оплакиваю эту потерю. До нового собрания сочинений вряд ли доживу, но так или иначе мечта детства осуществилась — в графе "профессия" я мог писать уже не "журналист" (после демобилизации, засыпавшись на экзаменах в аспирантуру в свой собственный, Строительный институт, стал вдруг газетчиком — „Радянське мистецтво", по-русски „Советское искусство") , а „Член Союза писателей СССР".

Так я стал советским писателем.

14

ЧТО Ж ЭТО ТАКОЕ, СОВЕТСКИЙ ПИСАТЕЛЬ?

Весь мир считает, что скучнее и серее советской литературы ничего нет. Все по заказу.

По заказу, не спорю. И человек, охотно или неохотно выполняющий его, щедро вознаграждается. Но все ли его выполняют, этот заказ? Нет, не все. И именно поэтому, русская, советская (уточним, появившаяся на свет после семнадцатого года) литература, безусловно, интереснейшая в мире.

Бежать по утоптанной дорожке куда легче, чем по рытвинам и ухабам. Рекорды, установленные в Мексике, куда выше достигнутых в Мюнхене, Риме или Мельбурне — на высоте 2500 тысяч метров воздух разреженнее. Воздух московских (и прочих советских) издательств воздух погреба, а дорожка, по которой писатель бежит, усеяна не только рытвинами и ухабами, она заминирована. Добежать до финиша не легче, чем легендарному Джесси Оуэнсу в Берлине под ненавидящим взглядом самого фюрера.

То, что написать хорошую книгу в нашей стране трудно — это аксиома. Под хорошей подразумевается правдивая, говорящая не о пустяках, а о чем-то существенном, я не говорю уже о самом главном. Впрочем, Василий Семенович Гроссман попытался это сделать, написав ,,Жизнь и судьбу'', вторую часть разруганного в свое время романа ,,За правое дело''. Написал о самом главном и страшном, о тождестве двух, вроде бы враждебных, систем и — о! как легко было всех нас купить в те годы обманчивой оттепели — отдал не кому-нибудь, а в ,,Знамя'', бездарному и трусливому Вадиму Кожевникову. Результат известен — рукопись арестовали. В сталинские годы та же судьба постигла бы и автора, но шестидесятые годы отличались все же от пятидесятых.

(По ,,делу'' Гроссмана меня специально вызывали из Киева в Москву, в ЦК. Считалось почему-то, что я могу повлиять как-то на Гроссмана.

— Гроссман написал антисоветский роман — решительно заявил мне ведавший литературой в ЦК тов. Поликарпов.

— Нет, Гроссман не мог написать антисоветского романа, — сказал я. — Это исключено.

— Вы не читали его, а я читал. Это антисоветский роман!

— Вы неправильно его поняли.

Разгневанный Поликарпов возвысил голос. Я тоже, он стукнул кулаком по столу. И я стукнул, добавив что-то насчет того, что немцев в Сталинграде не испугался, так уж штатского за письменным столом подавно. Это подействовало. В дальнейшем я эту, возникшую в гневном запале, фразу с успехом использовал в других, не менее сложных ситуациях.

Беседа наша мирно закончилась просьбой воздействовать на Гроссмана и убедить его никому написанное не показывать. Само собой разумеется, о проведенной беседе ни слова. Я тут же побежал к Василию Семеновичу и все рассказал. Он печально улыбнулся, показал пальцем на потолок и вынул из буфета поллитра...)

Гроссман написал великую книгу. Живя в Советском Союзе, рискуя всем. Это подвиг. И он его совершил. Солженицын тоже написал великую книгу ,,ГУЛАГ", но он ее скрывал. Гроссман ничего не скрывал, поверил почему-то крокодилу и сам полез в его пасть. Безумный, но подвиг.

Нет, советская литература такими подвигами не очень может похвастаться. А может, вообще он не нужен, подвиг? Или — не только из подвигов соткано искусство, литература?

Так думают многие. Писатели, в частности. Даны ведь миру ,,Смерть Ивана Ильича" и ,,Холстомер", ,,Дом с мезонином" и ,,Попрыгунья", ,,Над вечным покоем" и ,,Вечерний звон". Они скрасили наши дни. С ними легче жить.

Вот мы и подошли к главному.

В три шеи был изгнан из страны конструктивизм, с его коробками, жалкими подражаниями всяким там Корбюзье. Нам нужна настоящая, жизнеутверждающая, богатая архитектура. И хоть именно тогда мерла от голода Украина, страну заполнили колонны, портики, жизнеутверждающие фасады. На экраны вышли „Веселые ребята".

Великое счастье жить на земле! О нем, об этом счастье, говорил Горький в 1934 году на Первом съезде писателей, обрадовав участников, преподнеся им социалистический реализм. „Социалистический реализм — это непрерывное развитие ценнейших индивидуальных способностей человека ради победы его над силами природы, ради его здоровья и долголетия, ради великого счастья жить на земле".

Здоровье... Долголетие... Великое счастье жить на земле.

Горький жил тогда в недурном особняке Рябушинского на Мало-Никитской, а до этого в вилле в Соренто, и в те же дни на восток один за одним шли эшелоны с полтавскими, черниговскими, курскими — всех не перечтешь — колхозниками, виноват, „кулаками" и „подкулачниками".

А Шолохов писал „Поднятую целину", Алексей Толстой „Петра Первого" — вот какой был царь, но вы, товарищ Сталин, его переплюнули!

„Творчеству художников социалистического реализма присуще умение смотреть из будущего на настоящее". Тоже Горький, тогда же.

Ну, вот, мы и посмотрели из будущего, через пятьдесят лет, на то, что было настоящим. А два года спустя после прекрасных слов о здоровье, долголетии и счастье жить на земле, Сталин убил Горького. А заодно и еще несколько сот писателей. И миллионы не-писателей. Которым тоже хотелось долго и счастливо жить на земле.

Все это со временем стало называться „культом личности", отдельными ошибками, отходом от ленинских норм, но писать об этом — зачем? Зачем ворошить прошлое, растравлять раны? Партия все исправила, все поставила на свое место. Пишите о героях целины, романтиках БАМ'а, битве за урожай, славных пограничниках, ученых, кующих победу...

Вот, пожалуйста, и заказ! — ловят нас на горяченьком западные коллеги.

Ладно, разберемся.

В Союзе писателей, говорят, больше восьми тысяч членов. Не-членов — пишущих и печатающихся — не счесть. Кто же они такие?

Позволю себе маленький эксперимент, некую вольность. Поделим грубо всю писательскую массу на несколько категорий.

1. Верные автоматчики (выражение Хрущева) литературы. Все пункты Устава Союза писателей выполняют с завидным усердием и увлечением. Воспевают, призывают, прокладывают, воодушевляют, воспитывают, ведут... Люди злые все эти глаголы заменяют одним — вылизывают. Но это было бы упрощением — Маяковский воспевал не во имя житейских благ, он (до какого-то времени) верил. Мейерхольд, Эйзенштейн, Довженко тоже верили. Или убеждали себя, что верят. Закрывая на что-то глаза (надеюсь, что мучительно), пытались, нет, не приспособиться, напротив, возглавить. Это им стоило дорого, Мейрхольду жизни, но убежден, что каждый из них, обливаясь кровью под ударами, стонал: ,,За что? За что? Ведь я так старался... " Сейчас таких уже нет. Последние могикане — Эренбург, Михаил Ромм — перед смертью что-то поняли, от чего-то отреклись, перестали воспевать, пытались искупить прошлое.

Нынешние автоматчики из другого теста. Иллюзий, веры — никакой. Основной стимул — те самые блага жизни. Циничны. Продажны. Умеют поторговаться. У иных и перо тонко отточено и язык неплохо подвешен. Вознаграждение по заслугам. Посты (оплачиваемые!), тиражи, распределители, дачи, заграничные поездки. За отдельные срывы — пьянки, перерасходы, утайки заработка при оплате партвзносов — погрозят пальчиком, шито-крыто. За особое усердие — Героя Социалистического труда. Дважды пока еще не было, разве что Брежнев. На очереди Шолохов. На подходе — пока не видно.

2. Основная масса писателей. Цену всему знают — и зрелому социализму, и лично товарищу Брежневу, Шауро (нынешний Поликарпов), Георгию Мокеевичу Маркову (нынешний Фадеев, без его влиятельности только), Чаковскому,

всему Союзу писателей вкупе — но, кроме того, знают, что плетью обуха не перешибешь. На собраниях без излишнего энтузиазма, но покорно голосуют за что положено, дома отплевываются. Если не фантасты, не исторические романисты, не детские писатели, пытаются писать о жизни. Ну, не совсем она такая, как на самом деле — о политике, Андропове, нехватке мяса, Афганистане, что слышал по Би-Би-Си, о бриллиантах брежневской дочки, т. е. о том, о чем целыми вечерами на кухне, герой упаси Бог, ни-ни. И все же написанное на что-то похоже. Жизнь какая-то неладная, серая, скучная, дети отбиваются от рук, друзья изменяют женам, пьют, даже перепиваются — раньше на все это было табу.

Проходит это отнюдь не гладко — доделки, переделки, вычеркивания („Ну зачем вам это, дорогой Николай Степанович? И без того все понятно. Зачем подчеркивать, усугублять?"), замены одного героя другим, смягчение концовки („не надо точек на i"), введение мажорной интонации. Все это выводит из себя, треплет нервы, лишает сна, но зато, когда книга выходит, есть ощущение, что поработал на славу, основная идея сохранилась, самое существенное удалось отстоять — „Вы знаете, сколько из-за этого куска пришлось драться? В ЦК даже посылали" — и внимательный читатель, умеющий читать между строк, конечно же, уловит главное, для чего и писался роман. Что поделаешь — всем хочется быть немножко крамольными, при всем при том...

Благ поменьше, чем у первой категории, не сравнить. Тиражи поскромнее, путевки в Дома творчества в Коктебель, Малеевку берутся с бою (заграничные духи и колготки, увы, девальвировались), загранпоездки только за особые услуги (а как не хочется их делать!), влиятельные посты исключены.

Но жить все же можно. Отдельная квартира, заболеешь — оплаченный бюллетень. Литфондовская поликлиника, гонорара более или менее хватает (на Западе это не получается), но главное — чувствуешь себя не подонком, уверен, что читатель тебя читает и даже благодарит за ту, пусть скромную, пусть под сурдинку сказанную, но все же правду и где-нибудь на малеевской лыжне, под елочкой можешь по поводу этого излить душу другу, а заодно поругать начальство, ну и вообще...

2Б. — Подъотдел той же категории. Правдоискатели. Найдя, поведывают ее, правду. Не всю, конечно, об этом не может быть и речи, но врать и лакировать ни в какую! Область, охватываемая этими авторами, в основном, деревня. Тут почему-то некая поблажка. Этим писателям даже улыбаются, пытаются приручить, заманить к себе, награждают премиями. Но случая перехода в „их” лагерь пока не наблюдалось. Явление новое, обнадеживающее.

3. — Врать надоело! Ну их! На всю железку! Таких исключают из Союза, выдворяют за пределы, кое-кого сажают. Книги их изымают, из справочников и словарей вычеркивают. Злопыхатели и очернители, советская литература как-нибудь и без них обойдется.

Такова в самом грубом виде классификация литературного процесса, писательской братии. Есть отклонения, нюансы, неожиданности. Есть ответвления. Например те, кого окрестили бардами. По популярности, по любви к ним читателей, вернее слушателей, с ними никто не сравнится. Власть не нашла еще способа с ними бороться. „Двое из самых каверзных, слава Богу, отдали концы, третий тоже не очень здоров, часто болеет...” А народ слушает, переписывает, поет...

Ну, а автор этих строк, к какой категории он примыкал? Во всяком случае не к третьей, с грустью приходится признаться. Ко второй? Ко второй „Б”? Пожалуй. Где-то между ними. Имел и квартиру отдельную, и литфондовскую поликлинику, писал для журналов, издательств, за железный занавес ничего не посылал. Парочку-другую подпольных, в меру крамольных рассказиков писал для друзей, почитывал им за вечерним чаепитием. Вот так и жил. Пока не выяснилось, что мы с советской властью смертельно друг другу надоели. В результате — Париж. Десятый уж год...

Хорошо, но не пора ли кончать эти несколько затянувшиеся исследовательски-теоретические выкладки? Вернемся-ка к нашей игре.

Мой добрый конь застыл, храпя, у очередного бел-горюч-камня.

Поедешь прямо — голубое небо, легкий ветерок и толпа хорошо одетых, упитанных Героев соцтруда, лауреатов, председателей, редакторов, издателей, их замов, помощников, чуть в сторонке рядовые товарищи, тоже в меру упитанные... К нам, к нам! — машут они тебе руками и шофера их ЗИЛ'ов, „Волг”, даже „Мерседесов” (не густо, но есть) приветливо открывают дверцы...

Направо — темный лес.

Налево — еще темней.

Поколебался недолго и поехал прямо.

И окружили меня добрые, приветливые люди.

15

— Ну, в нашем полку прибыло. Выпьем же за пополнение!

Константин Михайлович Симонов поднял бокал и с нескрываемой симпатией посмотрел на несколько смущенного молодого автора. Симонов только что приехал из Москвы и привез с собой свеженький, пахнущий еще типографской краской восьмой-девятый номер „Знамени”, тот самый, долгожданный...

Расположились за маленьким столиком, вдвоем, в небольшом открытом ресторанчике на склоне Днепра, сразу же налево за ажурным мостиком Петровской аллеи. Дул легкий ветерок. Небо из голубого стало розовым, потом лиловым, потом как-то забылось, не до него было.

Говорили тоже о чем-то розовом, радужном. Закусывали чем-то очень вкусным и дорогим.

— Нет, нет Виктор Платонович, разрешите уж мне. Все-таки в начальствах хожу, посостоятельней.

Было очень-очень хорошо. И важно было не испортить, не увлечься, не расхваливать „Дни и ночи”, не злоупотреблять фронтовыми воспоминаниями. Держаться скромно, с достоинством, не проявлять излишней радости. Хотелось же схватить журнал и тут же упиться им. Удержался, полистал отложил в сторону.

Ах, как хорошо! Подумать только, сам Симонов привез...

Рассчитываясь, Константин Михайлович вынул из бокового кармана толстенную пачку сотенных и, не требуя сдачи, бросил какое-то их количество на стол. Пачку небрежно сунул обратно в карман. Такой толстой я еще не видел.

Александр Евдокимович Корнейчук, толстогубый, весь в орденских планках и лауреатских значках, как всегда улыбаясь, указал на бутылки.

— С чего начнем? „Столичная", „Выборова", коньячок? Или может „Вермут"?

„Вермут" я видел впервые, поэтому остановился на нем.

— „Вермут" так „Вермут". А тебе Ванда?

Мужеподобная Ванда с руками колхозницы — любимое занятие копаться в саду — предпочла водку. Потом и мы перешли на нее.

Выпив, как положено, первую рюмку „За того, который...", вторую осушили за писателей-фронтовиков.

— У нас их много, каждый второй воевал, — Корнейчук разлил по третьей. — И хорошо воевали. На разных фронтах. И в партизанах фрицам духу давали.

Выпили и за партизан.

Сидели за длинным, покрытым белой скатертью столом, уставленным всеми видами балыков, телятин, семг, осетрин, не говоря уже о нежнейшей селедке — норвежской, пояснил хозяин, — с крупно нарезанными кружочками лука. Было это в сорок шестом году. Еще до реформы, жили на карточки. По писательским, литерным, выдавали чуть побольше. Я получил уже литеру „А". Литер-атор. Кроме того, были литер-бетеры и прочие кое-какеры. Это так „хохмили" тогда.

После четвертой или пятой рюмки Александр Евдокимович заговорил о Сталине. Какой он, мол, прекрасный тамада. Тут подключилась и Ванда Львовна, до этого помалкивавшая. Она с товарищем Сталиным тоже неоднократно встречалась. Курьезный был человек.

— Ванда хочет сказать, что с юмором — поправил ее Корнейчук. — Чего, чего, а этого у него хватало.

Я удивился, не знал. Корнейчук рассмеялся.

— Расскажи-ка, Ванда, Виктору, про этот ваш Щеттинек.

И Василевская, в прошлом член польского, так называемого Люблинского, правительства, рассказала, как Сталин вызвал их, чтоб уточнить границу между Польшей и Германией. Все шло хорошо, к взаимному удовлетворению, но вот Штеттин он почему-то оставил немцам.

— Мы просим, а он смеется и говорит: ,,Нэт, нэт, это нэмецкий город''.

Мы убеждали, что с XII века он польский, а Иосиф Виссарионович только смеется. ,,Нэт, нэт, нэ польский, а прусский. С XIII века''. Мы чуть не плачем, ведь лучший порт на Балтике, а он ни в какую, ,,Хватит! Нэмцам отдаю. Они тоже нэплохо воевали''. И мы умолкли. А когда расставались, уже к дверям шли, вдогонку сказал: ,,Мынуточку'' ... Мы обернулись. ,,Как его, этот город, Штеттин, да? Ладно, бэритэ сэбэ'' — и хитро подмигнул. — Воевали-то они нэплохо, но все же каждый второй у них фашист. Бэритэ сэбэ пока не раздумал...''

После этого Александр Евдокимович удалился в свой кабинет и вернулся, неся, точно святыню, белый лист бумаги.

— Письмо от товарища Сталина, — полушепотом произнес он и, не давая мне его в руки, только показав, прочитал:

,,Спасибо, товарищ Корнейчук, за хорошую пьесу ,,Фронт''. Такие пьесы помогают бить врага. С комприветом. И. Сталин''.

Так же бережно, чуть ли не на цыпочках, письмо было отнесено обратно в кабинет.

Потом, малость еще выпив, опять заговорили о писательских делах.

— Значит так, Виктор. Творчество творчеством, а и общественные дела не надо забывать. Посоветовались мы тут с товарищами и решили, что отважному нашему воину надо какой-нибудь пост дать. Например, моим заместителем по русской литературе. Что скажешь?

Я пожал плечами.

— Загін російських письменників в нас не великий, але добрий, — перешел он вдруг на украинский язык. — Ось і будеш керувати російською секцією. Добре?

Так стал я членом Президиума и шестнадцатым, если не изменяет память, заместителем Голови Спілки письменників України... Избрали единогласно. Даже аплодировали.

На каком-то съезде или пленуме подошел бело-розовый Фадеев — волосы белые, физиономия розовая, вплоть до ушей.

— Что-то вид у вас неважный, Некрасов. Худой, бледный. Не болен ли? Или заработался? Оправдать первый успех хочешь? — он стал искать кого-то глазами, нашел, подозвал. — Надо, товарищ Суббоцкий, путевочку защитнику волжской твердыни дать. На юг куда-нибудь, к теплому морю. За наш счет, разумеется.

И похлопав по плечу, мол, давай-давай, отошел.

Обхаживали, обхаживали, заманивали...

И шло бы так из года в год. Похлопывали бы по плечу, угощали бы вермутом, считали бы, что в их полку прибыло, все чаще и чаще пускали бы за границу. На съезды борцов за мир, симпозиумы о „традиции и новаторстве” или судьбе романа, на встречи обществ „СССР-Эфиопия”, „СССР-Мадагаскар”. Посмотрел бы Африку, встречался бы с разными Менгисту, вручал бы им медали, то ли за борьбу, то ли за стихи.

Жил бы, не тужил. Попивал бы с друзьями. И теми, и другими. С одним — обнимаясь, с другим — морщась. Что-то писал бы. Может, и медалька какая-нибудь перепала бы, даже наверняка. Отдыхал бы с неунывающей, всегда веселой мамой в разных Малеевках и Коктебелях. Путевки получал бы без боя. И продлевали бы без всяких хлопот. И дача под Киевом. Что еще надо?

Хорошо...

А может быть?..

Может в этой кажущейся идиллии не только розы, „сто грамм" и уютные вечера, освященные улыбкой загадочной Тай-Ах в волошинском доме? И коктебельский пляж не только сердолики и халцедоны? Бывают и зыбучие пески. А они засасывают...

16

Приехала как-то в Париж группа советских поэтов. Человек пятнадцать, не меньше. Во главе с поседевшим, обрюзгшим, потраченным молью Симоновым. Всех не припомню, но были там Роберт Рождественский, Евтушенко, наш украинец Коротич, Олжас Сулейменов, Булат Окуджава...

Это была какая-то неделя какой-то дружбы и все они выступали в большом спортивном зале, где-то на окраине Парижа. Я сел во втором ряду. В первом сидели товарищи из посольства.

Поэты читали стихи — неплохие, средние, плохие, очень плохие. Кто с большим, кто с меньшим темпераментом. Какой-то француз переводил. Зал хлопал. Иногда погромче, иногда потише. Особых оваций не было, но, после концерта, участники, обмениваясь мнениями, очевидно, пришли все же к выводу, что встреча прошла с успехом.

Я сидел во втором ряду, тоже хлопал. В перерыве все пятнадцать скрылись за кулисами. Только один, соскочил с эстрады и решительно направился ко мне. Мы обнялись и расцеловались. Не виделись лет шесть, а может и больше. Все это происходило на виду у всех. И товарищей из посольства в том числе. Человеком этим, был... Ну, догадайтесь сами.

После концерта поехали ко мне. Из пятнадцати приехавших, не меньше, чем с двенадцатью я был знаком, с полудюжиной выпивал в свое время. И крепко. Ни один из них не позвонил.

С тех пор прошло сколько-то там лет. И, вспоминая этот вечер, я мысленно реконструирую его, включая в нашу игру...

... Я сижу на эстраде. Единственный не-поэт среди всех. По правую мою руку Евтушенко — он жмет мне колено и шепчет, что сейчас даст дрозда, прочтет поэму с двойным дном, — по левую Симонов. Как старейший и наиболее известный во Франции (в „Ляруссе" даже его портрет есть), открывая вечер прочел „Жди меня и я вернусь". Все почувствовали какую-то неловкость, но он, вполне удовлетворенный самим собой, раскланялся и вернулся на свое место. Через минуту наклонился ко мне.

— Вы видите, кто сидит во втором ряду?

— Где?

— А вон там, чуть правее Червоненко, посла. Во втором ряду.

Я посмотрел в указанном направлении и увидел Виталия Никитина. Того самого, которого три года тому назад выперли за пределы Союза. Знаменит он был тем, что не будучи никаким писателем, а простым старлеем на минном заградителе, участвовал в обороне Одессы и Севастополя, сразу же после войны написал книгу „Тельняшки, за мной!". Книга наделала шуму, одни хвалили взахлеб, другие ругали с неменьшим усердием. Вторые оказались сильнее и, учитывая еще непокорный, строптивый характер автора, кончилось все выдворением из страны.

Сейчас он сидит во втором ряду, крепко поседевший, но загорелый, как всегда, и, по-моему, в той же ковбойке, в которой был, когда мы в последний раз выпивали. Слушал внимательно, хлопал не меньше других. Очевидно, из вежливости.

— Вы с ним в каких? — спросил, опять наклонившись ко мне, Симонов.

— Как в каких? В нормальных.

— А вы знаете, что он выступает по „Свободе"?

— Не только знаю, но и слушаю.

Больше вопросов Симонов не задавал, отодвинулся.

17

На следующий день мы с Виталием обедали в „Лондонской таверне", недалеко от Сен-Жермен-де-Пре и кафе „Де маго".

— В это время здесь всегда пусто, — сказал он, ставший истым парижанином. — И тихо, и кормят прилично.

— И очереди на улице нет, как в нашем „Арагви".

— Ну, а „Дом литераторов", ВТО как поживают?

— Выродились. Не то уже. Совсем не то. За столиками незнакомые лица. Из молодого, подрастающего поколения. Самоуверенные, хамоватые, развязные.

— Но пьющие, подозреваю, не хуже нашего поколения.

— Почище. Только за чужой счет норовят. Если не ставят пол-литра редактору...

Когда нам подали „фо-филе" с неведомым мне гарниром, мы еще говорили о ЦДЛ и поколениях. Пили сначала „Божолэ", потом переглянулись и взяли „Смирновскую". И вот тут-то, после второй или третьей рюмки разговор принял несколько иной характер.

Виталий по натуре человек деликатный. При всей своей невоздержанности и прямоте, он не позволил себе ни одного могущего задеть или обидеть меня вопроса. Но я понимал, что задать их очень хочется и чувствовал, что раньше или позже мы их коснемся. Причем, инициатором буду я. Из какого-то мазохизма.

Так оно и случилось. Ну чем я лучше Симонова, думал я. Разве что тем, что не побоялся встретиться с Виталием. А так, хоть и не пишем мы по специальному заказу, как какой-нибудь Корнейчук или поменьше рангом Сахнин, но власти-то мы все же служим. Каждый по-своему, но служим. Знают, что не подкачаем.

Вспомни, как уезжая на какой-то конгресс в Рим, все допытывался у одного из старших своих друзей, поэрудированнее, как сформулировать понятие „соцреализм", чтоб было убедительно и не очень краснеть потом? „И рыбку съесть, и на эту самую штуку сесть?" — рассмеялся тогда мой друг и прочел мне маленькую, вполне изящно изложенную лекцию по марксизму-ленинизму. В Риме я пытался ее воспроизвести, за что крепко получил по зубам от самого Пазолини, кстати, тоже коммуниста.

— Да не переживайте вы, — успокаивал потом меня Сурков, — подумаешь, Пазолини, кто его в Союзе знает? А на то, что напишут о вас в ,,Мессаджеро'' или ,,Джорно'', наплевать. По нашим меркам, это продажные, антисоветские, буржуазные газеты.

И я внял его совету — попытался не переживать.

Сейчас Виталий, сдерживая ухмылку, говорил:

— Ох, и тяжело, ох, и больно смотреть на всех вас, советских писателей, с моих нынешних парижских высот. И все-то вы озираетесь, боитесь лишнее слово сказать. Ты не обижайся, я не о тебе, ты свое дело сделал и имеешь право на какие-то плоды. Но за них все же платить надо. Бесплатно не раздаются.

Что я мог на это ответить? Да, бесплатно не раздаются. И мы платим.

Хотелось бы забыть, да не забывается сборище в Союзе писателей по поводу событий в Чехословакии. К моменту голосования один только Никитин встал и вышел в коридор. А когда, кажется, Ильин подошел к нему и поинтересовался, почему он не голосует, спокойно ответил:

,,А потому что я за это самое человеческое лицо, которое сейчас гусеницами давят''.

Потом его исключали из Союза. Я не пошел, сослался на болезнь. В наших условиях это считается почти героизмом, но Виталий, если исключали бы меня, пришел бы и голосовал бы против.

После ,,фо-филе'' заказана была еще форель, потом подкатили столик на колесиках с не менее, чем десятью сортами сыра, закончили все ананасным мороженным со сливками и кофе-экспрессом. Попутно добавлена была и ,,Смирновская''.

— Трудно было оторваться от коллектива? — спросил Виталий.

— Как тебе сказать. Коллектив все же особый, кто не хочет оторваться? Да все. Сам Симонов что-то там насчет „Галлимара" говорил.

— А кроме него, другого товарища в штатском при вас нету?

— Есть, но она дама приличная. Относительно, конечно.

— А если засечет?

— Они этот ресторан не знают...

— И все же?

— Что ж, буду нести ответ. Скажу, что...

— Случайно встретились на улице, неловко было отказать...

Мы оба рассмеялись, ну, как не догадаться, что именно так я отвечу, засеки меня Клавдия Сергеевна.

И надо же, чтоб выходя из ресторана, мы нос к носу столкнулись именно с ней. Она, вместе с Коротичем и Рождественским, стояли на углу рю де Ренн и разглядывали в витрине дубленки.

Вечером, когда все шли на прием в общество „Франция-СССР", она, в холле гостиницы, весьма корректно, но с интонациями классной дамы, сказала мне, отведя в сторону:

— Вы же не мальчик, Виктор Платонович, и должны были бы понимать, что советскому писателю как-то не к лицу встречаться с отщепенцами. Член партии все же...

Я ответил что-то вроде того, что вырос из того возраста, когда извиняются за содеянное и отвечают „больше не буду", но осадок остался мерзейший.

Виталий только улыбнулся, когда я рассказал ему на следующий день об этой стычке.

— Дорогой Александр Матросов, грудь твою уже прострелили, но давай все же устроим поминки.

И повел меня в маленький ресторанчик „Л'Эклюз", на берегу Сены, против букинистов, в двух шагах от Буль-Миша.

В тот вечер мы выпили крепко и говорили совсем уже начистоту. Нет, Виталий не осуждал меня, только огорчался.

— Ты мне небезразличен, понимаешь? — говорил он, разливая очередную порцию на этот раз коньяка. — И судьба твоя тоже. И не потому что ты когда-то, на заре туманной юности, написал хорошую книжку. Ты тогда ничего не знал, что к чему и с чем его едят. А сейчас знаешь. Все знаешь. И тем не менее, придерживаешься правил их игры. А играть с ними нельзя, они шулера... Нет, и никто от тебя не требует, чтоб ты их подсвечниками, шандалами лупил по голове, я вообще ничего от тебя не требую. Но сидеть с ними за одним столом...

— Стыдно?

— Нет, я другое хотел сказать... О даче на берегу Днепра. И „Волга”, и тиражи массовые, Гослит Полное Собрание сочинений выпускает, с портретом, где ты еще молодой и красивый, с хвалебным предисловием какого-нибудь Феликса Кузнецова.

— Ошибся, Михаила Алексеева, он тоже ведь сталинградец.

Виталий схватился за голову.

— Не убивай меня, не убивай! Ведь это отъявленный...

— Знаю, знаю, но если уж выбирать...

— Ладно, — перебил он меня, — Алексеев так Алексеев, один черт. Но я это вот к чему, весь этот длинный монолог... Вспомни, когда это началось?

— Что „это”?

— Что, что, что? Сам знаешь, „что”... Благополучие.

Повисла пауза. Он потянулся к бутылке.

— Бла-го-по-лу-чие... Это так называется. Все эти Кончи-Заспы, машины вне очереди, заграничные вояжи... — Он провел рукой по моим волосам, потрепал. — Седой, б..дь, совсем седой стал... — Разлил по коньячку. — Ладно, не будем вспоминать, кто старое помянет, тому глаз вон. Поехали?

Мы выпили.

18

М-да... Я-то хорошо помню, когда „это” началось. Очень хорошо. В 1946 году еще. Когда Сталин руками и устами спившегося алкаша Жданова нанес первый после войны удар по литературе. Зощенко был назван тогда пошляком и подонком литературы, Ахматова блудницей и монахиней, у которой блуд смешан с молитвой, и оба они, и он, и она, не желающие идти в ногу со своим народом, наносят вред делу воспитания молодежи и не могут быть терпимы в советской литературе.

С этого все и началось.

Постановление ЦК ВКП(б) от 14 августа 1946 года о журналах „Звезда" и „Ленинград", доклад Жданова на эту же тему и покаянная статья редакции „Знамени" напечатаны были в том самом, десятом, номере журнала, где и мои „Окопы", называвшиеся тогда „Сталинградом", вторая их часть.

Вот так, не успел я вылупиться, как сразу же окунули в дерьмо...

Ну и что? Возмущался, кипел, протестовал? Да, и возмущался, и кипел — за пол-литрой, с друзьями, — но, будучи секретарем парторганизации издательства „Радяньске мистецтво" провел все же по указанию райкома собрание на эту тему. Длилось оно, правда, полторы минуты (Володя Мельник хронометрировал!), в детали не вдавался, сказал только: „Все вы, товарищи, знакомы с последним постановлением ЦК ВКП(б) и, конечно же, как настоящие коммунисты, примете его к сведению и исполнению", на этом собрание закончил, все разошлись, но собрание все же провел. И соответствующую реляцию отправил в райком*. А потом? Когда стали топтать Максима Рыльского, Сосюру, Яновского — за национализм, умиление прошлым, низкопоклонство? Не встал же и не сказал: „Товарищи, что вы делаете? Опомнитесь! Это же лучшие ваши писатели!". Нет, ничего этого не сказал, промолчал. (В тот же день Корнейчук, как бы между делом, осведомился: „Ты почему заявку на строительство дачи не подаешь? Подавай, поможем..."). И в разгар космополитической кампании кратко, но осудил с трибуны, что, нет, не „позорное", как говорили другие, „при-

---

* Факт из действительной биографии автора. — В. Н.

скорбное" явление. (На следующий день, на этот раз не Корнейчук, а Збанацкий — секретарь парткома, намекнул, что есть возможность без очереди получить машину).

И выросла среди дубрав Кончи-Заспы, на берегу Днепра, двухъэтажная дача, с верандой и гаражом, где стояла бежевая „Волга", а после поездки в ФРГ и недурной „Опелек", и не только в „Гослите", но и директор „Совписа" Лесючевский встречал с улыбкой, просил присаживаться, спрашивал, когда новую повесть принесете, включим сверх плана...

Да, сидел за одним столом.

С шулерами за одним столом. И хлебал из их же миски... Потом, встав из-за стола и утерев губы, шел в „Новый мир", неся подмышкой свой „Родной город", где Митясов вовсе не бил по морде декана Чекменя, а в „Кире Георгиевне" бывший ее муж, Вадим, ни в каких лагерях не сидел, просто работал где-то на Крайнем Севере. И нигде и никогда не позволял себе критиковать великого Довженко — в статье о хуциевском фильме „Два Федора" просто проводил параллель между двумя художниками — старым и молодым...

И все его любили. Читатели, в основном, за первую книгу, друзья за веселый нрав и компанейство, редакторы за покладистость, начальство за то, что на их языке называется принципиальностью — пьет, правда, и выпивши непрочь поиронизировать над системой, но линии партии придерживается, никогда не отклоняется, ни вправо, ни влево.

Корнейчук как-то сказал ему:

— Написал бы повесть о Марине Гнатенко, нашей знатной бурякивнице, свекловодке, ты, кажется, с ней знаком. Русский писатель об украинской героине, здорово б получилось, а? И премию подкинули б, Шевченковскую, например...

Нет, повести не написал, премию не получил. А мог бы, поленился, дурак.

19

Расплатившись в „Л'Эклюз" вышли на набережную и пошли вдоль Сены в сторону Нотр-Дам. Букинисты уже закрывали свои „буат", но у одного Виталий нашел номер немецкого журнала „Адлер", издававшегося во время войны на французском языке, номер, посвященный Сталинграду, купил и преподнес мне. Пройдя вдоль набережной Монтебелло, вышли к мосту Аршевешэ и долго стояли на нем, глядя на проплывающие под нами набитые туристами „батомуш". Говорили больше о Париже, о его жемчужности, прекрасных, хотя и загаженных собаками, улицах, о его домах, крышах, трубах, об Утрилло и Марке, о шарме этого города, о том, что в него нельзя не влюбиться. Потом вернулись назад, к Нотр-Дам. Примостились на скамеечке возле бронзового Шарлеманя-Карла Великого и смотрели на всех этих мальчишек и девчонок в рваных джинсах, поющих, танцующих, бренчащих на гитарах, валяющихся просто на мостовой, веселых и беспечных...

— Господи, — говорил Виталий, — ну почему наши ребята всего этого лишены? Ты посмотри на этих... Свободные, вольные, ничего не боятся. Не озираются, не вздрагивают, не пугаются. И, в общем, трезвые. Ты обратил внимание, как мало пьяных? У нас, чтоб почувствовать себя чуть-чуть свободным, не меньше пол-литры надо ахнуть. А тут? „Дроги", скажешь, наркотики? Есть, много пишут об этом, но вот сейчас перед тобой пацанва, молодежь... Ты представляешь себе такое на Пушкинской площади? — и, помолчав, добавил. — Нет, спасибо партии и правительству за этот подарок, Париж они мне подарили. Это ценить надо.

Я молчал.

— Чего грустным стал?

— Да так как-то...

— Ты напомнил мне сейчас эту байку, знаешь, про писателя Первухина, назовем его так... Чего невеселый, спрашивают, Володя? Дома плохо? Да нет, все в порядке. Сын на второй год остался? Напротив, на одни пятерки учится. Дачу ремонтировать надо, денег не хватает? Да уже кончил, третий этаж отгрохал. Деталей к машине не можешь достать? Какие там детали, новенький „Шевроле" в гараже стоит... Так в чем же дело? — Народу тяжело...

— А у меня, Виталий, к тому же и внук из двоек не вылазит, у жены любовник, а Опель на вечном приколе, деталей таки да, нет, так что...

— Ладно, не кончай. Знаю я тут одну кафешку, чувствую, что надо тебе тонус поднять.

И мы пошли на Муфтар.

С трудом нашли пустой столик, жарко и душно, парижане вывалили на воздух — заказали пива и Виталий стал рассказывать о своей эмигрантской жизни.

— Не легко, Викочка, ох, как не легко. С писательства не проживешь. Это тебе не Союз нерушимый, где по триста рублей за лист отваливают. Кроме Сименона и Труая никто с книг и тиражей своих не живет. Надо подхалтуривать. Прилепиться к какой-нибудь газетенке, журнальчику, радио, телевидению. За книги платят с количества проданных экземпляров. Значит читателю должно понравиться, не ЦК, а читателю. А как ему угодить? Сейчас в ходу мемуары и детективы. На растерзанную русскую душу ему наплевать, подавай убийства в „Ориент-экспрессе"... — Виталий вздохнул.

— И на квартиры здесь, каждый год повышают, сволочи, плату. И цены дай Бог... Я приехал, пачка „Голуаз" франк двадцать стоила, сейчас четыре. И так все. В кино иной раз не пойдешь, двадцати пяти франков нету... И все же, дорогой мой письменник, как подумаешь только, что мог бы я сидеть рядом с тобой на той эстраде и стишки читать или там прозу, а потом отчитываться, где был, с кем встречался... — он хлопнул ладонью по столу, так, что соседи даже обернулись. — Счастливый я все-таки человек, в сорочке родился...

Заказали еще пива. Я спросил, пишется ли ему, мне вот как-то сейчас не очень.

— Писать-то, пишется. Но в общем-то...

Глаза его потеряли вдруг свою обычную веселость.

— Тренажа здесь нет, понимаешь. Размякли. Дома всегда

был собран. И школу хорошую мы прошли. Литературной эксцентрики, я бы сказал. Жонглировать, ходить по проволоке научились. Мускулы всегда в хорошей форме, реакция моментальная. А здесь? Здесь все можно, все дозволено. И риска никакого, никакой опасности. Здесь не надо быть героем... — Он вздохнул. — И читатель здесь непонятный. Да и не очень нужный. Пишу-то я не для французов, для вас, гадов. А вы далеко. И путь к вам, ох, как тернист. Ты все же вроде начальства, в разных президиумах, секретариатах, партбюро числишься, за солженицынский „ГУЛАГ” тебе ничего не будет, сами дадут почитать, не давай только другим, а у районного врача найдут — персональное дело.

— Иронизируешь? — я обиделся. — Да! Член партбюро, но, поверь мне, не только „ГУЛАГ” читаю. Иной раз и за песосыпа какого-нибудь на партбюро заступишься, заслуги, мол, у него есть, не молод, и беден...

— А если и молод, и здоров, и заслуг еще нету? Ладно, догадываюсь, что членство в этом твоем засраном партбюро не только привилегия, но и крест, который надо тащить, но знаешь, что мне сказал один очень славный мичман нашего минзага „Ураган”, когда его завербовал смершист? Другой донесет на тебя, трепача и хулителя начальства, сказал он мне, а я — нет! Так что радуйся, поздравь меня заодно, и поллитру поставь. Логично?

— Виталий, ты стал западным человеком, ты все забыл.

— Нет, не забыл, а отверг.

— А я не отверг, за это у нас дома сажают. Но имея пусть маленькую, пусть ничтожную власть, используешь ее...

— Не на зло, а на добро. Знаем мы эту теорию.

В этот вечер мы чуть не поссорились. Но Виталий оказался умнее меня.

— Вика, мы не на равных. Я свободный человек и ничем не рискую, а ты... Сейчас ты мой гость и гость Парижа. Давай-ка упиваться им, Парижем! Может, на Пигаль сходим? Или тут недалеко, на Сен-Дени? Что скажешь, гражданин Союза Советских Социалистических...

Тут впору было дать ему по зубам, но вместо драки начались почему-то пьяные лобзания, почти как на Внуковском аэродроме все эти гусаки и кадары. За соседним столиком с некоторым удивлением следили за этим неожиданным проявлением мужской нежности. "L'âme slave mysteriouse" — единственное объяснение — загадочная славянская душа.

20

На следующий день я позвонил Виталию из автомата.

— Ну что еще? — раздался сиплый, очевидно от вчерашнего, голос.

— Жажду общения.

— Случилось что-нибудь?

— Общения жажду...

Оно произошло в кафе „Эскуриал" на углу бульвара Сен-Жермен и рю дю Бак. Виталий, небритый и какой-то всколоченный, увидев меня, сразу же все понял.

— Тебя прорабатывали.

— Прорабатывали.

— Долго, усердно?

— Порядочно. Но не то что усердно, а по выражению товарища Симонова, с чувством непреходящей горечи.

— Давай по порядку. Ты вернулся поздно, косой и тут же наткнулся на ...

— Булата. Завтра в десять партгруппа, — сказал он. — Постарайся не опохмеляться.

Пива я все же выпил, побрился и пошел на партгруппу...

Длилась она часа полтора, не меньше. Председательствовал Симонов, напяливший на себя маску печали с трагическим оттенком.

— Постарайтесь, Виктор Платонович, отнестись ко всему, что вы здесь услышите, с достаточной серьезностью, — начал он, мило, по-симоновски, грассируя. — И ответственно, добавил бы я. В кармане у вас партбилет, и не вчера полученный, а на фронте, в разгар боев. Думаю, что это должно кое-что определить в нашем с вами поведении, образе жизни...

И он заговорил о нашем поведении, в частности, за рубежом, об образе жизни, о принципах, на которых эта жизнь построена. Говорил он долго, с паузами, не повышая голоса, приводя примеры, вспоминая прошлое.

— Когда я уговаривал Бунина, это было давно, вернуться домой, я знал, что передо мной человек, ненавидящий все советское. Но это был Бунин, русский писатель, один из лучших наших стилистов, может быть только Набокову под силу с ним тягаться. И все же мы знали, что при всем его озлоблении против нас, ему без нас, без России, плохо. И надо было ему помочь. — Тут он посмотрел на меня долгим, укоризненным взглядом. — Ну, а Никитин? Не станете же вы нас убеждать, что ресторанные ваши беседы посвящены были вопросу возвращения его в лоно семьи. Ни семья ему, ни он семье не нужны. Это ясно. Не будем говорить, какой он писатель, — и тут же заговорил о том, что писатель он средний, даже не писатель, а просто свидетель неких событий, пусть с острым глазом и чутким ухом, и события, описанные им, как и все на фронте, интересные, и все же только свидетель, не умеющий ни обобщать, ни делать выводы, человек с узким кругозором...

Тут я его перебил и сказал, что в свое время именно в этом обвиняли и меня — дальше собственного бруствера ничего не видит.

— Ну, зачем эти сравнения, дорогой Виктор Платонович? Они совсем неуместны. Слава Никитина, слава дутая, основная масса его читателей и почитателей алкоголики и одесская шпана. И простите, я не совсем понимаю, что у вас с ним может быть общего...

— Этот самый алкоголь! — расхохотался Виталий. — Ну, дальше, дальше.

— Дальше стали выступать товарищи. И повторять приблизительно тоже самое. Никитин, мол, не просто отщепенец и махровый клеветник, подразумевается все та же „Свобода", а человек, которому ничто не дорого, не свято. Такие понятия, как патриотизм, любовь к Родине, гордость нашими успехами ему просто неведомы. Наплевать ему на них.

Джинсы „Левис", пластинки Битлсов или Роллинг-Стонов, шотландское виски — вот его идеал.

Тут я опять не выдержал и сказал, что в джинсах, ты, правда, ходишь, и может быть, они даже получше, чем те, что сейчас на Евтушенко, но виски терпеть не можешь, предпочитаешь „Выборову", а музыку, как ни странно, классическую. Здесь все изобразили благородное негодование и с тебя, Виталий, переключились на меня... А вообще, ну их всех на х..й! Надоело!

— Давно жду этих слов, именно этих, — Виталий одобрительно похлопал меня по плечу. — Чем же все кончилось?

— Думаю, что не кончилось, а только началось. А на данном этапе, в этом нашем „Эглон", резюмировала, подвела, так сказать итог, все та же Клавдия Сергеевна. Ее удивляет, мол, мое легкомыслие, несерьезность, непартийное поведение и что, закончила она, как это ни печально, но в Москве обо всем этом придется доложить. На этом и разошлись.

— И никто потом не подходил?

— Как же, подходили, озираясь. Тот же Евтух. Плюй, мол, на них, что ты хочешь, иначе они не могут — и, подмигнув, исчез. А вообще, ну их всех! Вот где они у меня сидят, со своими партгруппами и поучениями... Давай-ка лучше напьемся, дорогой мой свидетель интересных событий.

— С острым глазом и чутким ухом... Давай!

И мы заказали бутылку водки. Принесли какую-то неведомую, ни мне, ни Виталию, под названием "Staraya datcha".

Потом гуляли по Парижу, от кафе к кафе. Как ни странно, но у Виталия откуда-то были деньги и мы могли не только пить, но и закусывать. Почему-то не пьянели. Виталий рассказывал забавные эпизоды из флотской своей жизни, я пытался вспомнить последние московские анекдоты про чукчей, они пришли на смену Василию Ивановичу.

Но где-то опять переходили на то, что грызло.

— Вот: смотрю я отсюда на Париж, — говорил Виталий, когда мы примостились у окна во всю стену ресторана на 56-м этаже Монпарнасской башни, — гляжу на него, на все эти крыши, улицы, поток автомобилей, всех этих спешащих или, наоборот, никуда не спешащих парижан и задаю себе вопрос — почему надо ненавидеть капитализм? А потому что он плохой, нас с детства этому учили. И любой из этих неспешащих никуда парижан скажет то же самое — плохой! Миттеран это скажет и старый мудрый Раймон Арон, и Ив Монтан, и Симона Синьоре, и даже этот официант с усиками, ручаюсь. Всем он не нравится, этот капитализм, все его ругают, но у каждого в кармане больше, чем у тебя, знаменитого советского писателя.

И мы заговорили о всеобщей нищете и немыслимом богатстве отдельных представителей страны бесклассового общества. Виталий приводил примеры.

— Кому ты все это рассказываешь, — не выдержал я. — Ты вот этому мусью в очках расскажи, что за тем столиком сидит, „Либерасьон" читает. Расскажи ему популярно, что такое социализм. Я-то им уже объелся.

— Объелся?

— Объелся. Воротит.

— Что ж, меняй тогда меню. Повара-то при всем желании не прогонишь.

— В обозримом будущем, во всяком случае. А насчет меню... Ладно, давай, расплачивайся, пошатаемся еще по ночному Парижу.

Распрощались мы с ним, когда совсем уже рассвело. Сидели на каких-то ящиках у самой воды. За нашей спиной проносились, стуча на стыках, редкие еще ранние электрички. А за полотном, вдоль набережной Андрэ Ситроен, торчали, такие чужие этому городу, стеклянные башни „а-ля Нью-Йорк" пятнадцатого аррондисмана, по-русски района. Сидели и ждали восхода солнца.

— А это мост Мирабо, — сказал Виталий, — тот самый...

— Какой? — не понял я.

— Ох, уж эта мне темнота... Апполинер. Гийом Апполинер. Поэт такой французский был. ”Sous le Pont Mirabeau”... Под мостом Мирабо течет Сена... И дальше что-то там про любовь. Каждый школьник здесь знает.

— Перерос я уже этот возраст, Виталий.

— А тот вон мост, где статуя Свободы, копия той, нью-йоркской, — он махнул рукой вправо, — называется „Пон де Гренель".

— Не отравляй последние минуты, на рю Гренель советское посольство...

21

Вернулся я в свой „Эглон" уже когда первые постояльцы начали опускаться в кафе на „пти-дёженэ". Я сел за столик, заказал яичницу с ветчиной и апельсиновый сок.

Когда, позавтракав, уходил, столкнулся в дверях с Симоновым в сопровождении Клавдии Сергеевны.

— А я вас вчера весь день разыскивала, — сказала она, задержавшись в дверях. — Вам раза три или четыре звонили из посольства. Товарищ Червоненко вами интересуется. Просили позвонить не позже двенадцати. У вас есть их номер. — Есть, — сказал я и направился к выходу. Оба посмотрели мне вслед. Симонов так ничего и не сказал, был мрачен и суров.

... Впереди был целый день. Самолет на Москву в 18.00. С „Шарля де-Голля". Билеты всем уже раздали. Сбор в гостинице в 16.00. Сейчас было около восьми утра. Виталий сегодня целый день чем-то занят. И вот, оказывается, трижды звонили вчера оттуда. Товарищу Червоненко, послу, я, видите ли, понадобился. Донесла все-таки эта сука. Вы все же член партии, товарищ Некрасов, не забывайте...

Не стану туда звонить, ну их в баню, обойдутся...

Я свернул с бульвара Распай, где наш отель, на бульвар Монпарнас, от нечего делать постоял у расписания на вокзале. Может, в Версаль катнуть? И поехал в Версаль.

Не торопясь, в одиночестве, гулял по осеннему парку. Шуршали под ногами листья, слава Богу, никто не подметал. Было пусто, никаких туристов, раньше девяти они не появляются. Бродил по аллеям, вспоминал Александра Бенуа.

А в восемнадцать ноль-ноль в Руасси, на „Шарль де-Голль", минут за двадцать до посадки, объявят в репродуктор: „Пассажиров, отлетающих в Москву рейсом № 085 просят пройти к выходу Е". И все направятся к выходу „Е", и у каждого в руках будет пухлый пакет, а в пакете дубленка...

Во дворец я не пошел, появились первые туристы, японцы, у всех на шее фотоаппараты вот с такими вот полуметровыми объективами. Я сел на электричку и вернулся в Париж.

В центре я уже неплохо ориентируюсь. От вокзала по рю де Ренн дошел до Сен-Жермен-деПрэ. Это если не самая старая, то одна из древнейших церквей Парижа, „прэ" это значит „луг". Она оказалась открыта. Я вошел внутрь. Две опрятные старушки сидели в разных концах и молились. Третья меняла воду гладиолусам у алтаря. Лучи солнца сквозь цветные стекла витражей, красные, желтые и больше всего синих то тут, то там оживляли пятнами каменный пол и средневековые стены церкви. Я примостился в углу. Вот, если б, зазвучал орган. Но еще рано...

— Ну, что ж, Виктор Платонович, — сказал Виталий, когда мы прощались у станции метро Бир-Хакейм. — Насколько мы с тобой расстаемся, Аллаху и то не известно. Надеюсь, не навсегда...

— J'espere, как говорят твои французы. Не совсем ясно, где встретимся, но верю.

— Верю, — сказал он. — Верую. Глупо как-то жить в разных мирах. Глупо и противоестественно.

— И скучно, очень скучно, Виталий. Даже не представляешь как...

— Пытаюсь представить. И понять. И в общем-то понимаю. Я ведь умный.

— Ты уверен в этом?

— Абсолютно... И как всякий умный человек, советов никогда никому не даю. А хотелось бы...

— Кому? Мне?

— Тебе, хотя бы...

— Не надо. Я знаю, о чем ты. Не надо.

— А может, все же надо?

— Пока нет.

— Пока?

— Пока...

— Ну что ж, договорились на „пока".

Мы обнялись. Ткнулись друг в друга щеками.

— Ну, я побежал, — сказал он. — Это мой поезд на мосту идет. Будь!

— Будь!

Он сунул свой билетик „карт-оранж" в турникет, помахал мне на прощание рукой и легко, через одну ступеньку, побежал вверх по лестнице. А я пешочком пошел в свой „Эглон", на Распай.

Весь день шатался по Парижу. Последний парижский день. Вышел из церкви, пошел по рю Бонапарт, куда-то свернул, кажется, на рю Жакоб, потом еще куда-то.

Шататься по Латинскому кварталу — что может быть лучше? Мечта, голубая мечта каждого русского мальчика из интеллигентной семьи. Когда-то и я им был. В общем-то, и остался. Несмотря на гражданские и прочие войны.

Впервые, попав в этот квартал юношеской своей мечты, далеко, правда, уже не мальчиком — было это в конце пятидесятых годов — долго, разинув рот, стоял перед витриной с игрушечным поездом. Бежал он себе по игрушечным рельсам, вагоны первого, второго класса, международный и ресторан, нырял в туннели, останавливался у семафоров, гудел и бежал дальше. Я стоял в оцепенении. Мне так хотелось его купить, привезти домой, запрятаться от всех, разложить рельсы на полу и ту-ту!, мой милый норд-экспресс...

Сейчас я тоже постоял перед витриной — все за эти годы усовершенствовалось, вместо паровозов электровозы, и светофоры, и длинные платформы, груженые „Фиатами" и „Ситроенами", и кто все это может купить? Паровозик или там электровозик не меньше тысячи франков — спросите любую эмигрантскую жену, она вам скажет, что на эти деньги можно приобрести.

Но что-то не забавляли меня сегодня ни паровозики, ни белокрылые яхты, ни колумбовские каравеллы. Привык уже, даже я, редкий гость, к этому запаху — загнивающего Запада. Гниет, проклятый, хотя воняет больше бензином. Нормальный парижанин только и говорит, что надо бежать из Парижа, задохнешься, смотрите, почти все вязы погибли.

Зашел в две-три галереи. Картины, скульптуры, понятие более или менее условное. Эмоций не вызывают никаких. В углу очень симпатичный бородатый молодой человек, очевидно, автор всех этих брызг и клякс на полотнах. С какой-то непонятной, с трудом подавляемой ненавистью, смотрел я на добротные, алюминиевые рамы, Бог знает, сколько каждая из них стоит. И ведь все это уже было, было. Кандинский давно умер, Малевич тоже...

Кивнув симпатичному бородачу, вышел из галереи. Как Хрущев из Манежа. „Искусство педерасов!” ... Хорошо, не было рядом Виталия. Что, по Лактионовым своим соскучился, по Илье Глазунову? Зайди в „Глоб”, там его навалом...

И я зашел в „Глоб”. Был уже раз, приценивался к Цветаевой. Но ее и в Москве, если очень уж хочешь, достанешь, а сейчас смотрю два толстенных тома — Серов и Левитан. Какая бумага, какие поля, какой шрифт, репродукции... Да что ж это такое? Свои, родные, советские книги в Париже! А в Москве — шиш...

Со зла купил на последние гроши „Плэйбой” и уселся в кафе над кружкой пива.

Ничего, ничего, пей свое пиво и закругляйся. Вечером будешь уже в Москве. А тебе уже три раза из партбюро звонили, все интересуются, когда приедешь.

Я посмотрел на часы. До самолета еще три часа. В отеле надо быть за два часа до отлета. Значит, еще час.

Расплатился за пиво, направился к Сене. Попрощаться с букинистами, порыться на прощание в их „буат”.

Опять не вышло. Рылся, ходил от одного к другому, наткнулся на пачку „Иллюстрасьон” за шестнадцатый год

— мое детство, „Нива", Верден, форт Дуамон, роскошные, на всю страницу лихо нарисованные атаки, траншеи, взрывы, зачуханные, героические „пуалю" — хотел купить, подсчитал ресурсы, не потяну. Пошел к „Шекспиру" — книжная лавка любителей старья, английских книг, встреч и еще чего-то. С хозяином-стариком вроде знаком по прошлым приездам, говорит малость по-русски, может, выклянчу у него какую-нибудь подешевле, не возвращаться же с пустыми руками. Оказывается, болен. Заменявший его лохматый парень, жаривший яичницу на электрической плитке — здесь все по-дамашнему — мило улыбался, но к ценам относился строго.

Потом долго сидел у самой Сены, устроившись на каких-то канатах. Справа рыболов, весьма живописный, находка для туриста, слева целовались. Вдоль набережной, за моей спиной, прогуливали экзотических собак, неведомых нам, россиянам, афганцев, пиренейцев, пятнистых долматинцев и пугающе вытянутых, как черви, крохотных такс. Мимо проплывали баржи и длинные, набитые бездельниками, насквозь стеклянные туристские катера. Доносились голоса кричащих в микрофон гидов. — Слева Нотр-Дам, воспетый Виктором Гюго, справа бульвар Сен-Мишель, любимое место парижской молодежи. Легкий ветерок трепал мне волосы.

Надо идти в гостиницу. А ноги не несут. Там ждут, пересчитывают, как цыплят. Ну и черт с ними, плевал я на Клавдию Сергеевну, пусть поволнуется.

Приехали поэты, элита называется. На пять дней. Продлиться не разрешили. Почему? А черт его знает, почему. Москва не разрешила и все! А что я успел за эти пять дней? Ничего. Только с Виталием пообщался. Стоило, конечно, хотя я так и не понял, как ему тут живется. Кажется, не очень, но почему-то весел. А я зол, на все и всех. А поэты озабочены, бегают по „Лафайетам". Один только Евтушенко заглядывает в книжные магазины. Кроме туфель из пупыристой страусовой кожи, на высоких ковбойских каблуках, купил полного Набокова у Каплана. А Вознесенский не приехал, звонил из Лондона, очень сожалеет, но задерживают студенты, то ли оксфордские, то ли кембриджские. А на самом деле боится, что аплодисментов будет меньше, чем у Женьки. А тот только рад, тоже побаивается соперника. А перекрыл всех Булат — ему больше всех хлопали.

Без пяти три. Надо идти.

Куда?

В „Эглон”...

Все уже набивают свои чемоданы, ругаясь, что не влезает. А я, дурак, везу какого-то нубийского божка, два тома Юрия Анненкова, да подаренный мне Виталием „Адлер”. И это все? — спросят в Москве. Все, — совру я, — остальное пропил! Зачем эта ложь, непонятно. Как будто Виталий разрешил бы мне хоть франк потратить на спиртное.

Хорошо или плохо Виталию — вот чего я до сих пор не пойму. Свобода свободой, но...

Я спросил его как-то, скучает ли он по дому? Он не сразу ответил.

— Ну, как тебе сказать? Скучаю, конечно.

— По березкам или по ханыгам?

Он рассмеялся, сверкнул своими фербенковскими зубами.

— И по тем, и по тем, и по тебе, гаду. Друзей-то здесь нет...

Вот тут-то мы и распили последнюю пол-литровку, ту самую, под названием ”Staraya datcha”.

— Какие ж это друзья? Так, знакомые, приятели, за стаканчиком вина. Водки французы не пьют, а русские, сам знаешь, не лучший из вариантов... Но главное не это. Казалось мне всегда, что в Москве у меня миллион друзей. Закадычных, полу-закадычных, любимых девочек, назовем их так, хотя они давно уже не девочки, да и я не такой уж мальчик. Короче — некая привычная, необходимая тебе среда. И ты в ней, как рыба в воде. А потом уже семья. Ты ж меня знаешь, я не ахти какой семьянин, холостяк по натуре. Ну и вот...

Он стал вдруг серьезен. Разлил по стаканам.

— Уехал-то я из России не только потому, что обрыдло

это свинство и захотелось глотнуть чего-то там свеженького... Начались партсобрания, где стали меня песочить, и телефон-то умолк. И за столиком в ЦДЛ сидишь один, разве ты только подойдешь. Анчар и все... И птица не летит, и тигр нейдет, лишь вихорь черный... Вы не сердитесь на меня, Виталий Сергеевич, сказала мне одна весьма порядочная дама, свой срок в свое время, не ахти какой, но отсидевшая, потом реабилитированная, но в партию восстанавливаться не захотевшая, одним словом, весьма достойная дама... Так вот, не сердитесь на меня, Виталий Сергеевич, говорит, но у меня сын подрастает, ему семнадцать лет и я не хочу, короче: вы должны сами понимать. И я понял. Вот так-то, дорогой Виктор Платонович... А березки? Их тут полно. ,,Було” называются. А вот как плакучая или кудрявая, не знаю. Может, ее-то и нет. Ну и хрен с ней, зато... Что зато? Вика, дорогой мой Викуля, поверь мне, не мучает меня совесть. Ну вот нисколечко. Прозрачна и чиста, как слеза младенца. Был бы у меня сын, дочь, другой вопрос. А так, жене посылаю барахлишко, то с тем, то с другим. Сюда вызывать не собираюсь. И оба мы довольны. Я в большей, она, очевидно, в меньшей степени, но с работы ее не прогнали, директрисса у нее хорошая, думаю, кое-что и ей перепадает из моих гостинцев. К слову, тебя ничем отягощать не буду, недавно была оказия, послал очередную партию кофточек...

К этому вопросу мы больше не возвращались, пошли шататься по Парижу.

Анчар... Прокаженный... Как все это мне знакомо.

Страна не-героев. Великая страна, вечно озирающихся, вздрагивающих от каждого окрика ничему не верящих людей.

Сахаровых единицы... Где Гастелло? Где? Только на войне? Миру мир! А оказывается, постыднее его ничего нет. У меня, видите ли, сын подрастает...

Но эта хоть не врет, а остальные?

Евтушенко. Когда-то мы все его любили, властитель дум молодежи, а теперь ночами, видите ли, не спит, нейтронная бомба покоя не дает.

И Рождественский тоже здесь, в Париже, по телевидению выступал — прорвался-таки. Я горжусь, что я советский поэт, сказал он, мне стыдно за Солженицына, который променял Родину на толстую пачку долларов и сомнительную славу... Тьфу! А я не пошел на телевидение, хотя мне и не предлагали. А если б предложили? О Солженицыне, конечно, тоже спросили бы, а что я, уважаемый писатель, участник Сталинградской битвы, отвечу? А? А еще медаль „За отвагу" в Сталинграде получил?

Оторвался я от букинистов и пошел на цветочный рынок. Розы, сирень, громадные кусты сирени, ирисы всех цветов, то огненно-красные, белые, розовые, желтые и черные тюльпаны, двухметровые гладиолусы, какие-то африканские, неведомые, с красными толстыми, точно из носорожьей кожи, лепестками.

У входа в префектуру — она рядом с цветочным рынком — стоял полицейский. Молодой парень с приветливой, курносой физиономией, не то что вечно насупленный наш мент, мусор. Стоял себе и курил, хотя, вероятно, это и не полагается.

Подойти, что ли, к нему? Подойти и сказать — так, мол, и так...

Боже мой, что будет на аэродроме „Шарль-де-Голль". А до этого в осточертевшем „Эглоне", куда ноги никак не донесут, паника, телефонные звонки, кто его видел в последний раз? Прибегут из посольства, Симонов поминутно будет прикуривать золотой зажигалкой гаснущую трубку, не ожидал, не ожидал, от кого угодно, только не от него, на Клавдии Сергеевне лица нет, хватается за сердце, остальные угрюмо молчат, поглядывая на часы. Растерянный парень из посольства висит на телефоне.

Все еще нет... Что делать? Автобус ждет. Не задерживать же самолет... Наш, аэрофлотский. Нет, нет, вы сами позвоните, я не буду... Что?.. Не слышу... Лица на нем тоже нет.

Виталий встретил бы с распростертыми объятиями. Вот это да! Вот это молодец! Да подавись они все! Плевал ты на их сердечные припадки и инфаркты. Симонов, Симонов...

Переживет. Пропесочат, поругают, в следующую поездку не пустят, а потом заколесит по-прежнему... Пойдем, пропустим по маленькой, пошевелим извилинами. Как тебе быть, горемычному... Не пропадешь. Никто еще здесь не пропадал. И домочадцев твоих потом вытащим. Мобилизуем мировую общественность. Всяких там Беллей, Моравий, Шагалов. Вперед, лауреат Сталинской премии, за мной!

А курносый, со славной мордой полицейский, точно предчувствуя что-то, смотрит на лауреата и улыбается.

И вздохнул лауреат, щелкнул окурком в урну, не попал — не бывать, значит, этому, — и направился к станции метро „Ситэ”...

Через полчаса был в „Эглоне”. Все облегченно вздохнули. Никто ничего не сказал, даже Симонов, только Клавдия Сергеевна, запивая очередной транквилизатор, от волнения пролила почти пол-стакана себе на грудь.

Лауреат же забился в самый зад автобуса, мрачнее тучи глядел на пролетающие мимо отели, кафе, рекламы и думал о том, что медаль „За отвагу”, приедет в Киев, выбросит за окно, нет, отдаст внуку, пусть тот ее потеряет или выменяет на какой-нибудь кинжал или жевачку.

Приехав, не выкинул и внуку не отдал. Так и лежит она в своей картонной коробочке, даже не догадываясь, что хозяин ее о парижских терзаниях вспоминает все реже и реже и пишет новый роман.

О чем? А Бог знает, о чем. Не все ли равно? Говорит, что листов двенадцать-тринадцать, обычный его размер.

Говнюк? Зачем? Просто нормальный советский писатель.

Грустная картина? Мало сказать грустная.

Саперлипопет!

Нет, не тянет оно, это французское „жюрон”, вялое, без души. Тут бы покрепче, выразительнее. Знаем мы как... Но воздержусь. При всей своей любви, даже, говорят, при злоупотреблении ими, этими столь русскими, нет, не ругательствами, какое ж это ругательство, это крик души, но в письменном виде все же воздержусь. Не приветствую новое увлечение. Вспоминаю Толстого. После Бородина старик Куту-зов сочно матюкнулся, солдаты заржали, пришли в восторг, и мы все поняли, хотя заветные слова автор и не произнес. Да будет он нам примером...

22

Повествование наше развивается по какой-то странной кривой. Скорее, даже зигзагом. Вперед, назад, в сторону. Никакой стройности, композиции. Вот и сейчас, после Парижа семидесятых годов, откатимся-ка назад, лет этак на тридцать, к концу сороковых годов.

Эйфория послевоенных лет уже на исходе.

Редакция ,,Знамени'' в те годы находилась на улице Станиславского. По-видимому, в помещении бывшего магазина. В просторной его части, где когда-то торговали, был кабинет редактора Всеволода Вишневского. В подсобках — секретарша, машинистка, редакторы. В обычные дни было весело и шумно. Когда приходил редактор, становилось тише. Он садился за большой стол, спиной к окну-витрине и начинал писать письма, в том числе и сидевшему в соседней комнате Толе Тарасенкову, веселому своему заму — очевидно, для истории, последнего тома Собрания сочинений — ,,Переписка''. Это была первая редакция журнала, где меня не отвергли.

В 1947 году, на удивление многим, ,,Окопы'' были ,,лаурированы''.

Потом меня все спрашивали:

— Расскажите, как вам вручали премию. Торжественно? В Кремле? Кто?

Увы, и не торжественно, и не в Кремле, а через окошко МХАТ'овского администратора тов. Михальского. Он по совместительству был секретарем Комитета по Сталинским премиям.

Я постучал в это самое окошко, к которому с трепетом подходили в студийные еще годы в надежде попасть на ,,Турбиных''.

— На сегодня контрамарок нет, — сказал Михальский, даже не повернувшись в мою сторону, он говорил с кем-то по телефону.

— Мне не контрамарку, а...

— Билеты в кассе. От двенадцати до пяти...

— Нет... Мне это самое... Как его... Диплом, что ли...

Он мельком взглянул на меня — фамилия? — и, продолжая говорить по телефону, вынул из шкафа две плоские бордовые коробки — большую и маленькую. Из ящика стола папку, из нее лист.

— Вот тут, пожалуйста. Распишитесь.

Я расписался и взял свои коробки. В большой был диплом. В маленькой золотая (так говорили) медалька с профилем вождя.

Беседа по телефону при мне так и не закончилась.

С этого момента, точнее дня — 6 июня 1947 года — все издательства Советского Союза, вплоть до областных и национальных, стали включать книгу в свои планы. Делалось это автоматически — раз лауреат, в план, срочно...

Следствием этого было то, что в парижском „Фигаро" через много лет сообщено было в статье, посвященной только что прибывшему эмигранту — „личный друг Сталина, член ЦК, миллионер в рублях..."

Миллионером не стал, но какие-то деньжата завелись. Членом ЦК, разумеется, никаким не был, а что касается товарища Сталина...

Вот тут-то и подъехал ко мне, обогнув бел-горюч-камень, большой черный ЗИС и выскочивший оттуда моложавый полковник вежливо козырнул:

— Прошу.

— Куда? — опешил я.

— Садитесь, пожалуйста. Рядом с шофером попрошу.

— А коня?

— Не беспокойтесь, все будет в порядке.

Я сел и мы поехали.

О том, что Сталин невелик ростом и конопат я, конечно,

знал. И то, что „курьезен" и хороший тамада тоже, со слов четы Корнейчуков. Но то, что он встанет из-за стола и пойдет тебе навстречу, кто мог это ожидать? А он встал и пошел навстречу.

— Заходы, заходы, будь дарагым гостэм, — и взяв под локоток, подвел к креслу возле своего стола. — Садысь, садысь, сталинградец, потолкуем. Куришь?

Говорил он с акцентом, но небольшим (в дальнейшем читатель пусть сам расцвечивает его речь, я не буду).

Сталин сел за стол, выдвинул ящик, взял оттуда коробку своей знаменитой „Герцоговины Флор", вскрыл ее и протянул мне.

— Кури.

Папироса долго не выковыривалась, от волнения дрожали пальцы. Сталин заметил, но ничего не сказал. Только что-то вроде улыбки промелькнуло на его губах.

— Между прочим, почему „Герцоговина Флор" называется? Не знаешь?

Откуда я мог знать? Сам всегда удивлялся этому нелепому не „Герцогиня", а „Герцоговина".

— Тоже не знаешь. Никто не знает. Даже такой умный, как Шкловский и то не знает. Странно. Очень странно...

Чиркнув спичкой, он долго, попыхивая, прикуривал трубочку, знаменитую свою сталинскую трубочку. Точно, как на напельбаумовской фотографии — мелькнуло у меня в голове. Когда-то я был очень поражен, обнаружив ее в спальне Твардовского, над самой кроватью. Другая — Бунина, висела над письменным столом. Это странное содружество долго не давало мне покоя.

Прикурив, Сталин откинулся в кресле и стал разглядывать меня.

Было одиннадцать часов утра. Я запомнил это, потому что часы, неизвестно где висевшие, я их так и не обнаружил, очень сухо и по-деловому пробили одиннадцать.

Все последующее я попытаюсь изложить как можно точнее. Дело нелегкое, с тех пор прошло не более не менее как тридцать пять лет, какие-то детали стерлись, но главное не это, главное, количество выпитой водки. А выпито было много. Сначала вино, потом только водка. Меня это несколько удивило, — всегда думал, что грузины не очень-то падки на водку.

Учесть надо еще и то, что рассказчик, как правило, всегда несколько идеализирует, приукрашивает свою роль и поведение в описываемом событии. Вряд ли мне удастся этого избежать, но понимая всю значительность того, что я сейчас поведаю, постараюсь быть предельно точным.

Какое-то время Сталин, откинувшись в кресле, рассматривал меня.

Мучительно пытаюсь сейчас вспомнить, какое же чувство я испытывал тогда. Первое, что напрашивается, конечно — страх. Перед тобой в кожаном кресле сидит убийца, самый страшный из всех убийц, которых знало человечество. И перед ним ты, один одинешенек. В большом, пустом кабинете.

Но как ни странно, страха не было. Было что-то другое. Черчилль в своих мемуарах писал, что готовясь к первой встрече со Сталиным, строго-настрого наказывал себе ни в коем случае не идти первым навстречу. Но достаточно было ему, маленькому седому человеку, показаться в дверях, как какая-то неведомая сила толкнула английского Премьер-министра в спину, и он торопливо пересек весь громадный пустой зал, а Сталин стоял.

Нет, входя в кабинет, я никаких клятв себе не давал. Коленки, правда, малость дрожали, когда сопровождающий меня вежливый полковник сказал, открывая передо мной тяжелую, обитую кожей, дверь: „Товарищ Сталин вас ждет”, но, кажется мне, вошел я спокойно, не убыстряя шаг, и вот тут-то Сталин пошел мне навстречу. И усадил против себя. И угостил „Герцоговиной Флор”. И во всем его облике была только приветливость, только доброжелательность. И в памяти моей на миг вспыхнул рассказ одного очень хорошего человека, который ни при каких обстоятельствах не мог соврать. Рассказ Ивана Сергеевича Соколова-Микитова. Сталин тоже как-то вызвал его к себе. Узнать подробности рейса „Малыгина" — Иван Сергеевич принимал в нем участие. Очень понравился ему тогда Сталин. Такой обходительный, любезный, немногословный, внимательно слушал.

Насчет исходивших от него гипнотических или каких-то других флюидов, ничего не могу сказать — думаю, что моя скованность на первых порах (к концу она, увы, исчезла под влиянием винных паров), была такой же, сиди я перед Черчиллем или де-Голлем. Впрочем, ни тот, ни другой, насколько известно, в лагеря писателей не загоняли — деталь существенная.

Итак, Сталин разглядывал меня. А я его письменный стол. Пытался запомнить предметы на нем — отточенные карандаши в вазочке из уральского камня, маленький самолетик на стальной пружине и большой, зеленый, точно летное поле, бювар. Потом я поднял глаза и взгляды наши встретились.

И тут он, молчание несколько затянулось, сказал наконец:

— А я думал высокий, широкоплечий блондин, а ты вот какой, да еще с усиками... Так вот, знаешь, чего я тебя пригласил? А? Не знаешь... Со сталинской премией хочу поздравить! — и неторопливо протянул мне руку.

Я вскочил и, пожалуй, торопливее, чем надо, пожал протянутую ладонь.

— И почему твоя книжка мне понравилась, тоже не знаешь? — он произнес это после небольшой паузы, во время которой я чуть не выпалил: „Служу Советскому Союзу!", но вовремя сдержался. — Задница у меня болит, вот почему. Все ее лижут, совсем гладкая стала.

Он рассмеялся, зубы у него были черные, некрасивые.

— Совсем как зеркало стала, — он встал и прошелся по комнате. Роста он оказался не больше моего, пожалуй, даже пониже, но плотнее, покрепче, шире в плечах.

— Ты сегодня вечером что делаешь? — спросил, остановившись передо мной. — Может, девушке свидание назначил?

— Никак нет, товарищ Сталин.

— Тогда приглашаю тебя к себе. Премию твою отпразднуем. Винца попьем. У меня хорошее, государевых подвалов.

Впоследствии в разговоре он несколько раз вспоминал царя, но всегда говорил „государь". Не царь, не Николашка, не Николай II, а государь. И никакого озлобления. „Слабенький государь был, безвольный, не такой России нужен был..."

— Массандровского винца попробуем. Сохранилось еще. Кстати, что вы там у себя в Сталинграде пили? А может, не пили, только воевали? Под мудрым сталинским руководством? А?

И опять рассмеялся.

Действительно, „курьезный", подумал я. Такой приветливый, уютный дедушка. С ухмылочкой, на портреты свои совсем не похож.

Принесли чай. Очень крепкий, в подстаканниках. И вазочку печений. Сталин пил, макая печенья в чай.

Потом в дверях вырос вдруг Поскребышев. Внешности у него не было никакой, но потому, как он беззвучно появился, а потом так же растворился, я понял, что это он.

— Ну, чего возник? — не глядя на него спросил Сталин.

— Вы, товарищ Сталин, на двенадцать товарищу Гротеволю и немецким товарищам назначили. Ждут в приемной.

— Назначил, говоришь? Что ж, точность, говорят, вежливость королей. И генсеков тоже. Зови. — И повернувшись ко мне. — Немцы, немцы... Фрицы... Вот где они у меня, — он провел рукой по горлу. — Сацыви любишь?

Я кивнул головой.

— Вечером покушаем. Не оторвешься.

В дверях появились немецкие товарищи. Сталин раздраженно махнул рукой.

— Да подождите, куда лезете.

Немцы попятились, беззвучно прихлопнув за собой дверь.

— Книжку мне подпиши. Только без всех этих „ах-ах", понял?

23

Никак сейчас не соображу, сколько же мы пропьянствовали тогда. Начали часов в восемь вечера, потом ненадолго разошлись, опять встретились и кончили вечером следующего дня. Когда, в котором часу?

Началось все в большой столовой, у него на даче, в Кунцево.

Посторонних никого не было. Я и он.

Подали сацыви. Действительно, отличное. И лобио, конечно. И шашлык. Карский.

— Люблю карский, ах, — он причмокнул языком. — А мне все курицу, курицу... — он погрозил пальцем уютной, похожей на няню, женщине, которая нам подавала. — Еще раз курицу принесешь, знаешь, куда отправлю?

— Да уж знаю, — проворчала няня.

— То-то же... Так что пить будем, а? ,,Мукузани" или эту самую, вашу ,,Московскую"? Ты кем в армии был?

— Капитаном.

— Ай-ай, плохо, значит, воевал, не дотянул даже до майора? В твоем возрасте покойный Якир знаешь, кем был? Командовал Украинским Военным округом. Командарма 1-го ранга вскоре получил. А ты... Ну, да ладно.

Он разлил вино по стаканам.

— Ну, что? За того, который до победы довел? — и посмотрел на меня хитрым взглядом. — А может, есть другие предложения?

Я что-то провякал, вроде ,,что вы, что вы"...

Выпили.

— Да, погорячился я тогда, погорячился... Буденный, Тимошенко, мудило этот Ворошилов, первый красный офицер... Им-то и с батальоном не справиться, а я им, дурак, фронты поручил...

И заговорил о первых месяцах войны. И то не так, и это не так, и зачем долговременную линию обороны на старой границе взорвали.

— Жуков, Жуков во всем и виноват, начальник Генштаба. Он в ответе...

Меня, конечно же, распирало от желания задать тысячу вопросов. Но пока воздерживался, боязно было.

В середине разговора Сталин вдруг крикнул:

— Э-э! Кто там есть?

В дверях безмолвно вытянулся немолодой полковник.

— Скажи там кому надо, что завтра у товарища Сталина выходной.

— Есть сказать, что товарищ Сталин завтра выходной! — полковник лихо козырнул и исчез.

— На охоту завтра полетим. В Беловежскую пущу. Не бывал? Там еще зубры есть. Или как их теперь, зубробизоны называют...

В жизни я никогда не охотился. Это всегда огорчало Ивана Сергеевича, страстного охотника, охотника-поэта.

„Единственное, что нас с вами разъединяет, — говорил он. — Будь вы охотником, мы бы с вами...” и никогда не договаривал... И вот, пожалуйста, первый раз в жизни в Беловежской пуще, и не с Иваном Сергеевичем... Никогда б не простил.

После второй бутылки „Мукузани” речь зашла о литературе, писателях.

— Все прохиндеи. Все! Как один. С этим пьяницей во главе, Фадеевым... Вот, Платонов, то был писатель. Божьей милостью. Ругал я его, правда, было за что, но писать умел. Или Булгаков... Видал во МХАТ’е „Дни Турбиных”? Я раз десять, а то и больше...

Потроша папиросы, стал набивать трубку.

— Вот это офицеры были, м-да, настоящие офицеры. Все вокруг рушится, большевики прут, а они присяге не изменяют. Молодцы! Приятно смотреть... Спички есть?

Я подал коробок. Он закурил, сделал несколько затяжек.

— А тут окружен со всех сторон всякими там... Никому не веришь! За полушку продадут.

Он встал, прошелся по комнате. Она была большая и пустая. Обеденный стол, вокруг стулья. У стенки то ли диван, то ли тахта, то что у нас, в Киеве, называлось „боженковская” — продукция мебельной фабрики имени Боженко. Над столом трехсотсвечная лампочка под розовым абажуром, с бахромой.

Сталин походил, походил, сел, разлил вино.

— По последней, завтра рано вставать, — и опять крикнул, — Эй!

Вырос полковник. Сталин отдал распоряжение о самолете и чтоб разбудили не позже семи. Вздохнул.

— Плохо с писателями, плохо. Хороших пересажал, а новые — куда им до тех. Ну зачем, спрашивается, Бабеля сгноили? В угоду этой самой дубине усатой, Буденному? Обиделся, понимаешь, за свою Первую Конную. Оболгали, мол... А вот и не оболгали! — И вдруг без всякого перехода. — А может, подкрутить все же писателей? Дать команду Жданову... А?

Он посмотрел на меня долгим, испытующим взглядом, потом махнул рукой.

— Ладно, утро вечера мудренее. Отбой.

Неторопливо, вразвалочку, направился к дверям. Взявшись за ручку, обернулся и сказал на прощание:

— А писатели наши — дерьмо! Не обижайся, но дерьмо...

И вышел.

24

Всю ночь я ворочался на неудобной узкой кушетке в полупустой комнате, куда меня привели два вежливых, молчаливых капитана. — Чтоб это все могло значить? — думал я. — И как себя держать? Нельзя же все время молчать и поддакивать. Подумает еще, что трус или дурак. Но как его раскусить? Пока не получается. Может, когда больше выпьем? А вообще-то, молодец. Все ж под семьдесят, не тридцать шесть, как мне.

Опыта общения с тиранами у меня не было. Гитлер тоже, говорят, за столом был внимателен, общителен, ручки дамам целовал. Ильич кошечек поглаживал, говорил, что всю жизнь слушал бы „Апассионату". Правда, добавлял, что она его размягчает, хочется милые глупости говорить, по головкам гладить, а по ним надо бить, бить... „Адски тгудное занятие". А этот? Вроде бы уютный дедушка, с юмором, над собой пошутить не прочь, но вот под конец, когда Жданова вспомнил и потом, когда обернулся у дверей, уютного дедушки уже не было. А это, „за полушку продадут"?

Чуть ли не всю ночь проворочался, к чему-то прислушивался — тишина была гробовая.

Что же дальше будет, думаю.

А дальше, проснулся я посреди ночи, а он сидит у меня в ногах, в руках пол-литра.

— Не спится что-то, капитан. Мальчики кровавые в глазах. Решил к тебе зайти.

Я натянул штаны. Он был в полосатой пижаме, на локте заштопанной. Как Александр III, подумал я. Тот тоже любил все старенькое, ношеное. Витте в своих мемуарах вспоминает, как он сопровождал царя, когда был директором Юго-Западных железных дорог. Зашел ночью в царский вагон и с удивлением обнаружил государева денщика, старательно штопающего штаны самодержца. „А они не любят нового. Посмотрите на их сапожки, каждый месяц новые подборы ставим".

Сталин подсел к столу у окна.

— Ну, давай, капитан.

— А из чего, товарищ Сталин? — оглядевшись, я не обнаружил стаканов. Сталин вроде даже смутился.

— Минуточку, сейчас придумаем, — и вышел.

Вскоре вернулся. С двумя гранеными стаканами и тарелочкой огурцов. — Хлеба вот нет. А старуху будить не хочется. Обойдемся?

Пьянка эта, начавшаяся где-то часа в три ночи, затянулась на весь день. Охота почему-то была отменена. „А ну ее, пожалеем этих зубров. Сохраним поголовье. Хоть тут, да сохраним" и мрачно рассмеялся.

Пили водку, ели вяло, хотя старуха натаскала потом кучу всякой копчености, грызли, в основном, орешки.

— Закусывать надо, закусывать, — ворчала она, злобно бросая на стол вилки и ножи. — Забалдеете, начнете гостя обижать. Смотрите, какая телятинка, во рту тает.

— Не учи, старая, сами знаем, ученые.

— Чему ученые? Людей сажать ученые, а пить не умеете.

Сталин попытался рассердиться, но не получилось.

— Ладно, старая, иди, не мешай.

Старуха, ворча, ушла.

И все пошло вроде как по маслу. Даже закусывать стали. Возникший опять разговор о писателях принял вдруг шутливую окраску. Не ввести ли, мол, звания? Лит-майор, лит-полковник, генерал-литератор первого ранга, второго, третьего. Маршал литературы. Надеть на всех погоны, с лирой там или с гусиным пером. Собирался даже позвонить Фадееву, чтоб комиссию создал, потом раздумал.

— Дождемся съезда какого-нибудь. Выступлю на нем, ох и благодарить будут. Как архитекторы. Когда я им мысль про высотные здания подсказал. Очень им эта идея понравилась, акценты, говорят, расставили. Гениальное решение, товарищ Сталин, говорят...

Он разлил водку по стаканам.

— Надо бы еще что-нибудь придумать. Ты вот, говорили мне, по образованию тоже архитектор. Помоги, дорогой. Метро есть, высотные здания будут. Что еще?

И прищелкнул вдруг пальцами.

— Блестящая идея! Выпьем за нее, за еще одно доказательство сталинской заботы.

Выпили. Не окосеет ли? Нет, держится. Могучий старик.

— Так вот, — начал он. — Знаешь, почему Дмитрий Самозванец в русские цари не годился? Нет, не знаешь. Умный ведь, образованный был, а вот есть две вещи, без которых русский не может. Поспать любит после обеда, да в баньку сходить. А Дмитрий ни в какую. И не спит, и в баню не ходит... А? Какой же это русский царь?

— Никакой, — согласился. — А вы, Иосиф Виссарионович, ходите?

— Куда? В Сандуновскую? Да что ты, она для народа, не для нас. Потому и в цари не гожусь... Так вот, задумал я... Знаешь, как в Риме? Громадные такие бани, „термы" называются, красивые, с колоннами из мрамора, бассейны разные, фонтаны вокруг, а потом в специальных залах, тоже красивых, русалки там на потолках, Садко богатый гость, по кружечке пивца, попотеть, поговорить за жизнь. Народ наш доволен будет. Спасибо, скажет, товарищу Сталину, обо всем он заботится. И на душе легко, и тело чистое...

Очень ему понравилась эта затея. Поговорили еще о том, где их, эти термы, разместить и остановились на острове, где Дом правительства, кинотеатр „Ударник". Потом вернулись опять к „царской" теме.

— Баня там или не баня, а народ наш кроме бани любит, чтобы у него и царь-батюшка был, — на лице его появилось некое мечтательное выражение. — Самодержец Всесоюзный. Не плохо звучит, а? Царь Польский — Берута побоку, наместником сделаем, — Великий Князь финляндский, — Па-асикиви тоже побоку, — Эмир бухарский, Хан казанский и крымский, Господарь молдавский, Гетман вся Украины. Вот приеду к вам в Киев, булаву вручать будете.

Он развеселился от этой мысли, встал, подошел к столу.

— Чару налей! Келех по-вашему, по-хохлацки. За нового Гетмана выпьем! — он отхлебнул чуток. — Надо бы Никите позвонить, чтоб разыскал он эту самую булаву, Богдана Хмельницкого. Хранится же где-нибудь у них там.

Устроившись в кресле, в углу стояло одно в белом чехле, стал развивать тему о коронации. И про шапку Мономаха вспомнил, и про бармы царские. И во что нарядить членов Политбюро.

— В кафтаны, кафтаны! И Молотова, и Маленкова, и еврея нашего почетного Кагановича, всех в кафтаны... И хоругви чтоб несли. И в колокола ударим... Их, правда, всех к черту перелили. Вот Кагановичу и поручим достать. Рас-

пяли Христа — пусть грехи замаливают, — весело засмеялся.
— Ну, что там еще при коронации бывает?

— Ходынка, — ляпнул я.

Смех прекратился. Поджал губы.

— Знаешь, что за такие штучки положено? Скажи мне такое Молотов или придурковатый наш Клим, да я бы их... — и покачал вдруг примирительно головой. — Ох, капитан, капитан. Шутник ты все же большой. Только потому, что сталинградец, прощаю. А то сделал бы тебя своим Балакиревым, придворным шутом. Колпак с погремушками на голову и сиди у трона, шутки шути, остроты пускай. Ох-хо-хо.

Гроза миновала.

— Слушай, а что если я тебя в Политбюро введу? Русский, фронтовик, что еще надо? Они же, серуны, и пороха не нюхали. Или в секретариат. Жданов пусть музыкой занимается, чижика-пыжика на рояле одним пальцем умеет, а ты литературой. Будешь подсказывать мне, кого в кино пригласить, „Тарзана" посмотреть, выпить потом, а кого под задницу. Поприжать их всех надо, паразитов. Расплодились, черти. Дачи себе понастроили, живут, как паны... А у тебя дача есть?

— Что вы, товарищ Сталин, в коммуналке живу.

— В коммуналке? Сталинский лауреат и в коммуналке?

— Так точно, товарищ Сталин.

— Безобразие, понимаешь. — Он подошел к телефону. — Хрущева мне, — и через минуту, — Никита? Ну как, живой? Лазарь не замучил? Ну ладно, ладно. Так вот, сидит тут у меня один ваш киевский писатель, молодой. Некрасов фамилия, — он повернулся ко мне. — Ты не родственник, часом, того, классика?

— Ни с какой стороны.

— Говорит, ни с какой стороны. Сам вылупился, без протекции. Что? Не слыхал о таком? И не стыдно? Руководитель называется. Так вот, садись в самолет и чтоб... Сейчас сколько? Глянь, капитан, я без часов... Девять? Без пяти девять. Чтоб в двенадцать был у меня. Ясно?

Он положил трубку.

— Пусть проветрится. А то совсем замучил его там Лазарь, с этими делами украинскими. Заодно и повеселит нас, парень занятный.

Дальше произошло нечто, в чем я не проявил достаточной активности. А надо бы. То ли хмель помешал, то ли важность того, что сообщено было мне, поставило меня в тупик, но только сейчас, столько времени спустя, я понял окончательно, какую промашку дал.

После телефонного звонка Сталин начал ходить по комнате. Из угла в угол, туда и обратно, своей неторопливой, неслышной походкой. Какое-то время постоял у окна. Я продолжал сидеть за столом, ковыряя вилкой остатки вчерашнего сациви.

Сталин подошел к столу и как-то странно посмотрел на меня. Потом направился к двери, приоткрыл и к чему-то прислушался, неслышно затворил, вернулся к столу. Да, подумал я, боги, оказывается, вовсе не благодушествуют на своих облаках, они тоже чего-то все время остерегаются, озираются, к чему-то прислушиваются...

Сталин внимательно смотрел на меня. Во взгляде его было что-то новое — не то что недоверие, а какая-то неожиданная для меня неуверенность, будто он сомневался в чем-то, на что-то не решался. И это Сталин... Длилась пауза секунд пять, может десять.

— Никому не говорил, а тебе скажу, — произнес он наконец и глаза его сузились. — Молчать умеешь?

Я проглотил слюну. Сказал, что умею.

— Под большим секретом... Тайна, — он подвинул стул вплотную к моему и, наклонившись, шепотом сказал. — Дневник веду... — приложил толстый палец к губам. — Никто не знает...

Я молчал. Взгляд его сверлил меня насквозь.

— Никому не верю, все серуны... А тебе верю, понимаешь? И доверяю, дневник свой доверяю. Понятно? Когда умру...

Он вдруг умолк, стал к чему-то опять прислушиваться. Было тихо, только какая-то птичка щебетала за окном.

Встал, беззвучной походкой подошел к кушетке, осторожно отодвинул ее, но тут же придвинул обратно.

— Не сегодня, нет... — распрямился. — Специальный разговор будет. Вызову.

И он вновь заходил по комнате. Туда, сюда. Раза три, четыре.

— Ладно, налей.

Я разлил по стаканам.

— Пикнешь только, язык вырву. Ясно? Как шах персидский или афганский...

Мы выпили и он, как ни в чем не бывало, заговорил о Востоке. Вспомнил Амануллу-хана, который в начале двадцатых годов приезжал в Союз.

— Трактор мы ему тогда подарили. Тебе смешно? А тогда, знаешь, какой это подарок был? Интеллигентный был шах, падишах в то время назывался. И жена красавица... — он причмокнул языком и тут же добавил. — А язык вырву. Как его прадедушка вырывал...

Мне стало как-то не по себе, хотя он тут же улыбнулся своей чернозубой улыбкой и похлопал меня по плечу.

— Уже и пошутить нельзя, пугливые вы все какие-то... — и без всякого перехода. — Послушай, а ты дневник вел? Когда-нибудь? А?

— Пытался в Сталинграде, не получилось.

— Трудно, очень трудно. И непонятно. Для кого пишешь? Для истории? Для себя? Ладно. Потом. Вызову, поговорим... Как с писателем. Толстой вот писал, в сапог прятал. А мне куда? А? — он рассмеялся и погрозил мне пальцем. — Как там у Пушкина? И вырвал грешный мой язык, какой-то там, не помню уже, и лукавый, и жало мудрое змеи... Эх, нет больше Пушкиных, товарищ писатель, нет... — он вздохнул.

Фу ты черт, подумал я, холодея — влип. Язык, может, и не вырвет, но, вот, возьмет и вызовет. Что тогда? И заставит читать. Или наоборот — запретит. Но даст указание. Тогда-то и тогда-то, когда он умрет, в таком-то месте... А может и совсем по-своему — кто слишком много знает, к ногтю...

Самый реальный из вариантов... Мне стало по-настоящему страшно.

25

Ровно в двенадцать, минута в минуту, дверь приоткрылась и в ней показалась поросячья физиономия Хрущева.

— Можно, товарищ Сталин?

— А, Лис-Микита, — Сталин приветливо помахал рукой. — Горилку привез?

Хрущев растерянно развел руками.

— Ну и недогадливый ты хохол. И истории не знаешь. К царям всегда с дарами приходят. Шубу там соболью, коня резвого, яхонты, алмазы... А нам вот с писателем, горилки с перцем вашей украинской не хватает. Ну, что делать с ним будем? Накажем?

— Так я, товарищ Сталин, сейчас...

— Да хрен с тобой. На первый раз прощаем. Налей-ка ему, капитан. Полный, полный. Бери! Да не расплескивай. Руки чего дрожат? Со страху, что ли? Ну, рявкнул мишка...

Очевидно, действительно от страха, но руки у Никиты Сергеевича так дрожали, что он с трудом стакан к губам поднес. Потом поперхнулся. Но выпил, с трудом, но выпил.

— Ох и питух же ты, Никита, — рассмеялся Сталин, обнажая черные свои зубы. — Тоже мне, казак, запорожец...

Удивительно он все-таки словоохотливым оказался. А я-то думал, что так лениво роняет слова. Ходит вокруг стола, попыхивает трубочкой и неожиданным вдруг вопросом каверзным огорашивает. Таким в кино мы его видали, к такому привыкли.

— Выпил? Теперь закуси. Балычок, семушка. Да ты не стесняйся, чувствуй себя как дома. Там, небось, от стола не оторвешь. Смотри, какое пузо отрастил. Давай ему второй, капитан. А то не на равных будем.

Второй пошел у Хрущева легче. Крякнул, вытер ладонью рот, отрезал кусок телятины.

— Вот и хорошо, — сказал Сталин и встал. — Вы тут закусывайте пока, а я тем временем... — он вышел, очевидно по надобности...

Хрущев тяжело вздохнул, посмотрел на меня со смешанным чувством почтения и недоумения.

— Так это из-за вас он меня вызвал?

— Да вроде.

— А по какому поводу, не знаете?

— Квартирному.

— Квартирному? А у вас что, нету? Так это ж по телефону все можно.

— Вероятно, можно.

— А еще про что-нибудь говорил?

— Говорил.

— Про что?

— Про булаву.

— Какую булаву?

— Богдана Хмельницкого.

— Что на памятнике? Убрать что ли надо? Вмиг уберем, — он облегченно вздохнул.

Иди оно так, как шло, все было бы прекрасно. Хрущеву было приказано отгрохать мне дачу на берегу Днепра, и квартиру не хуже, чем у Корнейчука („Ах, у него особняк, и Некрасову особняк!”), потом предложено было по традиции сплясать гопака и совсем уже не по традиции — есть такое русское развлечение — изобразить борьбу с медведем и в награду преподнесен был келех и беднягу совсем развезло. Сталин смеялся, хлопал в ладоши. На этом бы и кончить, поблагодарить за гостеприимство, Никиту взять под микитки и улететь бы с ним в Киев, а там дача, особняк и прочие лауреатские блага с царского плеча.

Но не тут-то было, позвонил вдруг телефон. Сталин взял трубку.

— Ну, чего там, — буркнул, — А кто его приглашал? Занят я... Скажи, что занят, — и положил трубку. — Тоже мне борец с алкоголизмом.

Через минуту опять звонок.

— Ну, что? Какое там может быть важное дело? — маю тюкнулся. — Ладно, пусть зайдет.

Зашел Берия.

— Ну, чего принесло? Видишь, пьем. О серьезном разговариваем. Чего тебе надо? Короче.

Берия приоткрыл было рот, но Сталин перебил.

— А ну, дыхни! Трезвый! А трезвый человек — человек подозрительный. На, выпей. — Сталин налил полный стакан. — Штрафную.

Берия взял стакан и злобно посмотрел сначала на Хрущева, тот примостился уже на моей кушетке, потом на меня.

— Чего косишься на него? Писатель. Мы тут с ним литературные проблемы решаем, а ты со своей мурой. Сажать сегодня никого не буду, ясно? Пей! И залпом!

Лаврентий Павлович с трудом, но выполнил приказание. Сталин ткнул вилкой в огурец.

— Закусывать надо. А то окосеешь и заведешь волынку... Ну, докладывай, раз пришел.

— Разговор конфиденциальный, — сказал Берия.

— Ах, конфиденциальный? Серьезный? Жизнь страны от него зависит? Да? А может, я не хочу сейчас о стране говорить? Хочу о литературе. С писателем. Ты Щедрина читал когда-нибудь? Нет. А был такой губернатор-писатель. И не плохой. Лучше вашего Горького. Вот пойди, почитай. Потом доложишь. Кру-угом, марш!

Берия на глазах бледнел. После последних слов начал пятиться. Опять злобно глянул на меня. Сталин перехватил его взгляд.

— Пью с кем хочу, ясно? С тобой не хочу, а с ним хочу. Пришел еще подглядывать, — и стукнул кулаком по столу. — Марш отсюда!

И Берия, грозный Берия, растаял; как будто его и не было.

— За грузина себя еще выдает, гад... — Сталин встал и прошелся по комнате. В столовую мы так и не пошли, пили у меня. — Подглядывают, сволочи, подслушивают, проверяют... Житья нет.

Поправил косо висевший шишкинский лес.

— На тебя еще грозно смотрит, блядюга. Пусть попробует только. Хребет сломаю ему, Малюте зарвавшемуся.

Нежданный визит этот испортил всю нашу идиллию. Начал вспоминать, кто в чем провинился. Виноваты, оказалось, все. Прихлебатели, болтуны, доносчики, каждый на чужом х.. в рай хочет въехать. Втируша Маленков и Вячек-медный лоб, и Лазарь этот обрезанный — все друг друга стоят...

И исчез уютный дедушка. По комнате из угла в угол решительными шагами ходил пока еще не разгневанный, но явно разозленный, выпивший (нет, не пьяный, я поражался этому, а именно выпивший), крепкий еще старик в заштопанной пижаме и, щедро пересыпая свою речь матом, поносил своих нерадивых слуг.

Подошел к прикорнувшему на моей кушетке Никите, пнул ногой.

— Ну, чего развалился? Сталин его вызвал, а он слюни тут пускает. Утрись!

Ошалелый Хрущев лихорадочно стал вытирать рот, оттуда, действительно, что-то текло.

— А ну встать! По стойке смирно! Докладывай, что у вас там, на Украине? Как указания выполняете?

Хрущев вытянулся, руки по швам, заморгал глазенками.

— Кре... Крещатик, вот, по вашему указанию восстанавливаем. Писатели включились. Павло Тычина стихи написал. Как это? Сестричку, братику, попрацюемо на Хрещатику...

— Нужен мне твой маразматик Тычина... Сестричку, братику... Ты мне про зерно, про уголек доложи. Сядь, соберись с мыслями.

И, как ни странно, Никита собрался — в этом, вероятно, и была магическая сила Сталина, уметь выколачивать из людей нужное, в любой момент, в любой обстановке. Вынув из бокового кармана сложенную вчетверо бумажку, стал, не очень даже заплетаясь, приводить какие-то цифры.

Сталин, к моему удивлению, похлопал его по плечу, и то ли доброжелательно, то ли с издевкой сказал:

— Видал? Пятидесятимиллионная республика, а у него все цифры в боковом кармане. Ну и даешь ты, Никита.

Тем не менее подсел к столу.

26

Дальше произошло то, чего я больше всего опасался. Мне захотелось говорить.

Ни в коем случае! — пытался я убедить самого себя, — ни в коем случае! Видишь, как все хорошо идет. Всех ругает, а тебя нет. Над всеми издевается, а тебя только по голове гладит. Никиту, вот, специально вызвал, дачу, особняк отвалил, что тебе еще надо? Кати немедленно в Киев и пиши, пока зеленая улица перед тобой...

Нет, хочу говорить!

Не гневи Бога, не гневи Сталина, балда! Начнешь за здравие, кончишь за упокой. Опять с какой-нибудь Ходынкой влезешь. Сейчас уже не сойдет тебе. Берия в нем всю муть со дна поднял, разве не видишь? Нет уже рождественского дедушки. Перед тобой Сталин, ты что, забыл? И оба вы пьяные...

Ни в какую... Тост! Только тост! Хочу тост произнести!

И произнес.

Подошел к столу, разлил остатки водки и очень громко произнес:

— Дорогой товарищ Сталин, дорогой Никита Сергеевич! Простите, что я вторгаюсь в ваш серьезный, деловой разговор, но мне кажется, что настало время выпить...

— Очень правильное замечание, — серьезно сказал Сталин, взяв протянутый мною стакан. — Выпить никогда не вредно. Мозги прочищает.

И меня понесло. В пьяном словоизвержении своем я говорил, в основном, о войне. Об отступлении, об оставленной Украине, о мосинских трехлинейках, которые выдавали нам за день до вступления в бой, и, конечно же, о Сталинграде, Мамаевом кургане, солдатах, командире полка, Чуйкове,

Родимцеве, колхозных лопатах, мерзлом грунте... Патриотизм так и пер из меня.

— У сталинградцев, у солдат была одна мечта, — закончил я свой несколько затянувшийся тост. — Дорваться до логова этого бандита, до его канцелярии и нагадить ему на стол. Вот за это солдаты и пили свои положенные сто грамм.

— Хороший тост, — сказал Сталин. — Но в ответ я тебе вот что скажу. Налей-ка еще.

— А больше нет, товарищ Сталин.

— Как так нет. Такого не бывает. А ну, Никита, сбегай. Скажи там дежурному.

Хрущев неуверенной походкой направился к двери.

— И нарзану заодно, — крикнул ему вдогонку Сталин. — А тебе скажу, — он ткнул меня пальцем в грудь. — Понял я, наконец, тебя, Некрасов. Хитрый ты человек. Очень даже хитрый. За это хвалю. Но не расчетливый. Что раз прошло, второй раз уже не годится... Вот ты тост произнес. Хороший тост, патриотический. И тамада из тебя может выйти хороший. Уж не грузин ли ты? Может, бабушка какая была грузинкой, а? Но в тосте своем ты допустил ошибку — перехитрил или недохитрил, не знаю, но впросак попал.

Он прошелся по комнате. Озлобление его вроде прошло. Остановился против меня.

— Но скажи мне такое, только откровенно. По совести. По-твоему что, товарищ Сталин участия в Великой Отечественной войне не принимал? — и выдержав паузу, во время которой я почувствовал, что начинаю холодеть. — А мне казалось, что небольшой, но все-таки вклад сделал. Может, я ошибаюсь?

Я стоял перед ним и молчал. Руки и ноги оцепенели.

— Хорошо... На это ты мне вполне справедливо ответишь, что вы сами, товарищ Сталин, сказали, что жопа у вас болит и что ты эту самую мою жопу пожалел... Вот и подсказал я тебе ответ. А ты уже испугался. Не надо. Но запомни — хитрить хорошо, но не с товарищем Сталиным. Понятно?

Он поднял руку, то ли предваряя возможные мои извинения или объяснения, то ли давая знак, что еще не кончил. Опять прошелся по комнате.

— Но это, так сказать, для начала. Присказка. Небольшой совет юному другу. Но главное, что я хотел тебе сказать после твоего тоста, хорошего тоста, не спорю, другое. Про Гитлера. Ты назвал его бандитом. И солдаты так его называли. Правильно называли. Конечно, он бандит, но я думал, что бандит умный, а оказался глупый. Вот если б мы вместе да против всех этих наших союзничков, Черчиллей, Рузвельтов, весь мир покорили бы, понимаешь, весь мир! А потом поделили бы пополам! А он, дурак, не понял. И полез. И по зубам получил.

Я почувствовал, что сейчас что-то произойдет.

— Товарищ Сталин, но ведь вы сами...

— Не перебивай! Товарища Сталина перебивать нельзя. Слушай. Договорились, значит, мы с тобой, что Гитлер бандит. Людей убивал, в печках сжигал. Нехорошо, конечно. Не гуманно. Ну, а товарищ Сталин, по-твоему, не бандит? — он сделал паузу и я почувствовал по спине у меня побежали мурашки. — Сколько он людей на тот свет отправил! А? Куда там Гитлеру. Ребенок по сравнению с товарищем Сталиным... Учиться ему у товарища Сталина надо было, а он вместо этого полез, дурак, на него... А начал-то он, вообще, не плохо. Тесно, говорит, нам немцам. Версаль задушил! И гам! — для пробы, — Саар. Плебисцит, вроде, устроил. Сошло. Потом Австрия, аншлюс. Сошло. Судеты, Мюнхен — тоже сошло, победа. Сожрал Чехословакию, союзнички промолчали. Молодец! Хвалю! Знал, что делал. И внутри тоже. С врагами народа надо поступать решительно. Колебаться нельзя. „Окончательное решение еврейского вопроса” — правильное решение. Я бы сказал даже, гениальное.

Что он говорит? Я почувствовал, что во мне что-то оборвалось.

— Товарищ Сталин... Иосиф Виссарионович... Но нас же всю жизнь учили, убеждали, что антисемитизм...

Он не дал мне договорить.

— Не было его! Нет! И не будет! — он вдруг побагровел. — Нет такого понятия, „антисемитизм”. Понятно? Есть племя торгашей, ростовщиков и хапуг...

106

— Эйнштейн, что ли, торгаш и хапуга?

— Эйнштейн не знаю, а Каганович да!

Тут как раз вошел Никита с двумя бутылками водки.

— Скажи, Никита, Лазарь вор?

Никита опешил. Поставил бутылки. Лихорадочно стал одну из них раскупоривать.

— Вор или не вор, говори!

Никита, точно рыба, выброшенная на берег, хватал ртом воздух. А перед ним стоял, расставив ноги, Сталин, весь красный, даже шея и грудь покраснели, со сжатыми кулаками и казалось, что вот-вот, он размахнется и ударит его.

— Говори!

Но Никита не в силах был выдавить ни слова.

А я... До сих пор не могу понять, как это получилось, нашло какое-то затемнение, но я выхватил у Никиты бутылку, молниеносно разлил по стаканам и сказал, упершись пьяными глазами в Сталина:

— Я предлагаю выпить за командира пятой роты лейтенанта Фарбера, товарищ Сталин. Слыхали о таком?

— Фарбера? Какого такого Фарбера? Не знаю я никакого Фарбера.

— И напрасно! Командир пятой роты, 1047-го полка, 284-й дивизии. Выпили?

Сталин взглянул на меня так, что я понял — сейчас конец. Потянулся к телефонной трубке.

— За такое знаешь что? — сказал он, не сводя с меня глаз, страшно медленно, вколачивая каждое слово, точно гвоздь. — Не знаешь? Так вот, узнаешь.

Он набрал номер.

— Берию ко мне, — и швырнул трубку.

Все! Я понял, что все.

Воцарилась пауза. Никто не двигался. Ни Сталин, ни Хрущев, ни я. Застыли.

В ушах стучало. Все быстрее и быстрее.

Сталин, стиснув протянутый мною стакан так, что пальцы даже побелели, стал приближаться ко мне. Тихой, беззвучной, какой-то крадущейся походкой.

И смотрел, не отрываясь смотрел. В глазах его вспыхнули маленькие, красные огоньки, как у кошки ночью.

За спиной моей тихо открылась и закрылась дверь.

Я понял, что это конец.

Залпом выпил стакан водки. В глазах пошли круги. В ушах зазвенело Все сильнее и сильнее.

Я упал. Стакан покатился по полу. Последнее, что я услышал сквозь все усиливающийся звон в ушах:

— Жиденький паренек... А я еще на брудершафт хотел.

Больше я ничего не слышал, я умер.

. . . .

Умер-шмумер, был бы здоров.

Одна из самых одесских сентенций великого черноморского города. Тираны умерли, — не все, правда, Молотовы и Кагановичи все еще поливают свои грядки, а может, что-то и строчат, лживое, — но главные убийцы все же лижут в преисподней раскаленную сковородку. А я, отряхнувшись, у своих друзей, в любимой Женеве, под прошлогодней сосенкой дописываю последние страницы. Весна, март. Лопнули первые почки на каштанах. В Швейцарии это считается наступлением весны. Специальный человек следит за специальным каштаном в университетском парке, и лопнула почка, выглянул крохотный пятилапый листочек и сразу же в газету — началось! Дописываю... Напротив меня, под березкой, вылезли из-под земли четыре крохотных крокуса, три лиловых, один белый. Утром только выглянули, сейчас уже распустились. И пчелка прилетела. За работу, товарищи!

Что-то затянул я на этот раз. Прошли лето, осень, зима. И много событий произошло за это время. И в мире, и в моем парижском Ванве.

В магазинчике с джинсами, том самом, сделали ремонт. Заменили вывеску. „Саперлипопет" засияло свежим золотом. Помыли витрины, убрали мусор, хозяйка вымыла тротуар, опять же мылом, и я помчался к автобусу по другой стороне...

В мое кафе „Сентраль", где я по утрам пью кофе с круа-
саном и листаю „Фигаро", бросили бомбу. Кто — до сих пор
неизвестно. Никто серьезно не пострадал, кого-то поцарапа-
ло стеклом, хозяйку слегка контузило. Много об этом говорили, больше месяца кафе было закрыто, сейчас опять хожу,
пью кофе, из „Фигаро" узнаю, что в мире по-прежнему плохо, никакого просвета. Только молодежи хорошо. Ухажи-
вают по-прежнему. Сын Бельмондо — за хорошенькой мо-
накской принцессой Стефани — траур по матери, принцессе
Грасс, кончился; сын Роселини и Ингрид Бергман — за стар-
шей, Каролин. А Альберт, наследник монакского престола,
не расстается с дочкой Грегори Пека. (Это я все узнаю, нет,
не из „Фигаро", оно посолиднее, а из веселой, приличными
французами презираемой, „Франс-диманш" — я ее не прези-
раю.)

Ну, а Париж? Лучший в мире город Париж? И мы в нем,
изгнанники? Что ж, живем, работаем, ворчим, болеем, бо-
ремся против несправедливости, ссоримся все из-за той же
истины, которую каждый из нас знает лучше другого. По-
прежнему пьем, кто чаще, кто реже, женщины по-прежнему
часами говорят по телефону, темы никогда не иссякают,
ждут не дождутся очередных „сольд", магазинных скидок.

Ну, а автор этих строк?

Посмотрев недавно по парижскому телевидению все четыре серии бондарчуковской „Войны и мира" и тут же бросив-
шись к первоисточнику, который читал взахлеб, будто в
первый раз, я понял, что из всех толстовских героев я больше всего смахиваю на старика Болконского. Так же нетер-
пим, ворчлив и раздражителен, жена считает, что и деспоти-
чен. К тому же неожиданно выяснилась еще одна весьма при-
скорбная для меня деталь — оказывается, всегда казавший-
ся мне глубоким стариком князь Болконский моложе меня.
Да-да! Если считать, что он ровесник Кутузова, а это, очевидно, было так, то оба они умерли, не дожив до семидеся-
ти, Кутузов — шестидесяти восьми лет... А я перешагнул
этот рубеж. Всю жизнь считал себя мальчишкой, делил всех
на молодых и взрослых, относя себя к первым, а тут, вдруг,

оказался не только взрослым, но и весьма и весьма преклонного возраста.

И вот сидит сейчас под любимой своей сосенкой этот самый весьма преклонного возраста господин (в просторечьи, просто старик), следит за пролетающими самолетами, за длинным белым следом, оставляемым ими высоко в небе, умиляется пчелкой-мохнаткой, перелетающей с венчика на венчик таких красивых, весенних, вчера только появившихся крокусов, сидит, курит свой „Голуаз” и думает думу свою.

Бел-горюч камень. Сколько раз попадался он на его пути. Сворачивал то туда, то сюда, объезжал, ехал прямо. А в итоге — по правильному ли, как говаривал Владимир Ильич, по нужному ли пути направлял он коня своего? И туда ли, куда хотел, приехал он? Может, с тоской вспоминается какая-нибудь оставшаяся позади тропинка, соблазнительно манившая его? Или, напротив, большак, который разумно или неразумно объехал стороной?

Нет, все сложилось так, как и должно было сложиться. Ни на что не сетую, ни на что не жалуюсь.

Ну, какое я имею право жаловаться, если, оттрубив весь Сталинград от первого до последнего дня, остался жив. И дошел до самой Польши, и вернулся в родной Киев, и обнял маму, которой тоже не так уж сладко было в годы оккупации, обнял, расцеловал ее, маленькую, худенькую, склонившуюся над своей дымящей из всех щелей печуркой, и прожил с ней еще двадцать пять лет! Подумать только — двадцать пять лет! Не всякому выпало такое счастье. А на меня, вот, свалилось.

И жили мы в Киеве. И в Москве, и в Ленинграде, и в любимом нашем Коктебеле, и в Ялте, и на озере Севан. И ездили по Волге, и в родном мамином Симбирске побывали („Но где же хорошавки, самые вкусные в мире яблоки, что-то не вижу я их нигде...”), и поднимались на Мамаев курган, в Сталинграде, и сфотографировал я ее на месте наших окопов, на фоне скромного обелиска, под которым покоются кости бойцов нашей 284-й стрелковой дивизии. Не сосчитать, сколько их полегло. И нету больше этого обелиска, снесли и бульдозером прошлись. По могилам, по окопам. И стоит на их месте стометровая „Мать-Родина" с мечом в руке, и кругом ступени, мрамор, гранит, нагромождение бронзовых мускулов, куда-то рвущихся и кричащих солдат. Мама этого не видела. И слава Богу...

И очень не хватает мне ее сейчас. Как радовалась бы она, что мы живем с ней вместе в Париже. Она долго в нем жила и любила его. „Грязный, правда, везде бумажки, мусор, собачьи кучи, но, поверь мне, совсем этого не замечаешь..." — „Но почему, мама, ты ж у меня такая чистюля?" — „А потому, что люблю парижан. Всех без разбора. Даже апашей. С одним из них, представь себе, танцевала в каком-то кафшантане. Очень был красивый, черноглазый, с усиками, в красном шарфе и клетчатом кепи набекрень. Говорят, теперь их уже нет. Куда они девались? " Да, исчезли апаши-воры, грабители и сутенеры маминой молодости, как исчезли фиакры, трамваи, газовые фонари, пелеринки полицейских. Теперь террористы, гангстеры, хиппи, панки. Боюсь, что мама и их полюбила бы, парижане все же...

Но мамы нет. А Париж есть. И в нем тот самый „Городок", о котором так замечательно написала когда-то Тэффи. Не могу удержаться, приведу несколько строк:

„Это был небольшой городок, жителей в нем было тысяч сорок, одна церковь и неимоверное количество трактиров.

Через городок протекала речка. В стародавние времена звали речку Секваной, потом Сеной, а когда основался на ней городишко, стали называть „ихняя Невка".

Местоположение городка было очень странное. Окружали его не поля, не леса, не долины — окружали его улицы самой блестящей столицы мира, с чудесными музеями, галереями, театрами. Но жители городка не сливались и не смешивались с жителями столицы и плодами чужой культуры не пользовались. Собирались жители городка больше под лозунгом борща, но небольшими группами, потому что все так ненавидели друг друга, что нельзя было соединить двадцать чело-

век, из которых десять не были бы врагами десяти осталь-
ных. А если не были, то немедленно делались.

Еще любили они творог и долгие разговоры по телефону.

Они никогда не смеялись и были очень злы...”

Вот и я живу в этом, не так уж и изменившемся за про-
шедшие годы, городке. Хотел сказать, живу и не тужу. Нет,
тужу. И очень тужу. Стоит ли расшифровывать, по ком и о
чем? По-моему, и так ясно.

Вот если бы да кабы... Но это уже не о прошлом, о будущем, саперлипопет!

Женева, 13.3.83 г.